建築士になる前も
なってからも必ず役立つ！

建築士1年生が読む本

来馬輝順
Kuruba Terunobu
［著］

ナツメ社

　この本は、設計を始めたころや、事務所を始めたころの自分に伝えたい、建築士のスキルの概要をまとめた本です。コンパクトなこの本で、どこまで伝えられるかは難しいところですが、木造住宅の設計や工事監理、維持の方法を軸に、建築士の具体的な姿勢や必要なスキルの概要を、伝えられる内容になったのではないかと思います。

　ここで間違えないでほしいのは、ここで取りあげるのは、「建築家」ではなく「建築士」としてのスキルです。
　建築士は「建築士法」で定められた、建築物の設計・工事監理をおこなうことのできる国家資格です。建築家は、建築士と同じように使われることも多い言葉なので勘違いされがちですが、建築士のような資格を指すのではありません。西洋文化で培われたアーキテクト（architect)の訳語です。日本では資格を持つ人の名称ではないので、自称でも使えますが、良き建築を目指す者の呼び名として使われると考えて良いと思います。
　私には建築家を定義する知見はありませんが、便宜上、

　建築士は社会的な責任
　建築家は社会的な信頼

と区別しています。
　信頼に資格は必要ありませんが、良き建築にかかわろうとする姿勢は建築家に必要だと思います。一方、建築士は、あくまでも良質の建築物を生み出すための、法的な責任を負う資格です。

建築士になった方が読む本の提案をいただいたとき、建築家と区別して社会的責任のある建築士を軸とする本なら、意義があるものになるのではと考えました。

　私は自分を建築家とは思ってはいませんが、「住まいづくりの建築家」として仕事をしてきました。
　なぜかというと、単に住宅を設計・工事監理することに加え、住まいにもう少し深くかかわることができる建築士でありたいという思いがあるからです。だからこそ、社会的責任のある建築士の仕事についてしっかり把握して、俯瞰できるようになることが、まずは大切だと思うのです。この本はそのためにつくりました。

　現代は、規模の小さな住宅でも、ひとりの建築士が設計・工事監理のすべてを一貫してこなすことは難しくなってきています。チームでの仕事があたり前です。私は、現代の建築家も建築士を主とした協働チームの一員と思っていますが、建築士のチームでのスキルの生かし方はとても大切になっていることは間違いがないでしょう。

　建築士の仕事を具体的に俯瞰し、建築物づくりのチームの一員としてどのような役割を果たせるかを、この本を通して思い描いていただければ幸いです。

来馬輝順

もくじ

Part 1 委託と受託

建│築│士│の│基│礎│力

プロの押え処

目指せ街場の建築家

Part 2 条件の把握

Part 3　計画の提案

建|築|士|の|基|礎|力

プロの押え処

目指せ街場の建築家

Part 4　基本設計

建|築|士|の|基|礎|力

プロの押え処

目指せ街場の建築家

Part 5 実施設計

建|築|士|の|基|礎|力

プロの押え処

Part 6　工事の準備

建築士の**基礎力**

プロの**押え処**

Part 7 工事監理

建|築|士|の|基|礎|力

プロの押え処

Part 8　住宅の維持

この本は、建築士になったばかりの人、あるいはなろうとしている人のための本です。建築士の行う設計・工事監理業務の全体像を把握できるように、実務の流れに沿って8つのパートに分けました。

Part

1 委 託 と 受 託

まずは、契約についての章です。建築主と建築士の信頼関係こそ、良い建物への第一歩です。

2 条 件 の 把 握

建築主の要望に加え、法律や安全、省エネなど考えることがたくさんあります。条件をしっかり整理し把握することが大切です。

3 計 画 の 提 案

たくさんの条件をもとに練ったプランの提案です。提案のコツや模型のつくり方、省エネの説明についてここで触れています。

4 基 本 設 計

建築士の仕事の中でももっとも大切な過程、基本設計。やりがいのある場面です。建築物が形を表してきます。

5 実 施 設 計

現場で働くプロのための図面をつくる、実施設計。考えないといけないことも多いけれど、ワクワクもいっぱい！

6 工 事 の 準 備

見積や工事契約、建築確認申請など、工事の前段階。実際に建築物が形になるまで、あと一息です。

7 工 事 監 理

机の上から工事現場へ！　工事監理者として現場でどこを確認すればいいかを中心にまとめました。

8 住 宅 の 維 持

これからますます重要になる、住宅の完成後のメンテナンスについての章。建築士も積極的にかかわりたい。

各パートでは、実務のレベルに合わせて3つの段階で具体的に解説しました。

① 建築士の基礎力

建築士法に基づく建築士の設計と工事監理の基礎編。
まずはこのページをよく読んで、建築士としての土台となるスキルを身につけよう。仕事をするうえで、いつも立ち戻ってほしいポイントです。

② プロの押え処

設計と工事監理の実務で大切なポイントの紹介。
ここで挙げられたことができるようになると、一人前の建築士に一歩近づけます。打ち合わせや現場へ行く前に読んでおくと安心ですね。

③ 目指せ街場の建築家

より豊かな建築空間を目指すための準備運動。
より良い建築に携わるための豊かな土壌を育みましょう。このページを楽しめるようになれば、建築士としてのレベルが上がった証拠です。

建築士の幅広い世界に一歩足を踏み出したみなさんが、さらなる山々を目指すきっかけとなる一冊となりますように。

Part 1
委託と受託

設計は、建築主から依頼（委託）を受けてから始めるのが基本です。

　しかし、設計と施工をセットで進める場合や、契約に慣れていない個人の建築主の場合は、設計をある程度進めてから契約を結ぶ場合もあります。建築主の立場からだと安心であるように思えますが、工事施工を請負うわけではない設計者から見れば、本業の設計で報酬の保証のないままでの進行は不安です。良い仕事は両者ウィンウィンの関係から生まれるものです。

　設計監理をより良いものにするためにも、設計監理の委託内容をまず整理することから始めないといけないね。

Part 1

ついに家づくりが
始まるよ

信頼できそう

この人が
家をつくるの？

さ、この家族の
住まいづくりだ

おいらの
場所は？

建築士の基礎力 01　設計と工事監理って何だろう?

設計と工事監理のことを正しく建築主に説明することは、建築士として信頼されるための第一歩かな。

「設計」は法律的な用語として捉えよう

　小規模な住宅などを除き、建築物の設計監理には建築士の資格が必要です。ここでいう設計とは、「法律に則り構造や安全性をクリアする建築物の設計図を作成すること」であり、「ちょっとプラン描いてくれる?」といったときの単なるアイデアや図面作成と区別され、法律的な責任が伴う建築士の大事な仕事です。

　建築物が法律に適合することを示す建築確認申請書とその添付図面は、建築士の責任のもとに作成したことを記すことになっています（建築士法第3条、第3条の2、第3条の3）。責任重大ですね。

▼設計とは

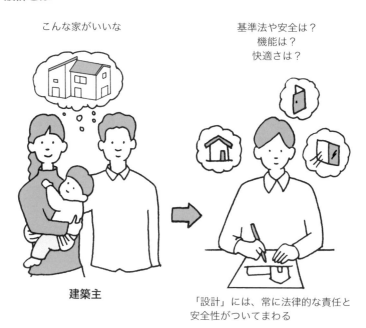

こんな家がいいな

基準法や安全は?
機能は?
快適さは?

建築主

「設計」には、常に法律的な責任と安全性がついてまわる

工事監理と工事管理はまったく違う

　建築主によっては、工事監理と施工業者の工事管理（現場監督）は同じものと思っている場合もあるので、ここでは「工事監理」の大切さを話しておこう。

　工事監理の役割は、建築主の代理で工事現場が図面に従い適切に進んでいるかをチェックすることであり、設計以上に建築主の理解を必要とする業務といえます。工事を進める現場監督とは役割がまったく違います（建築士法第3条、第3条の2、第3条の3）。

▼工事監理の役割とは

工事監理

図面どおり
できているかな？

確認

建築主

契約

施工業者

工事管理

職人

設計と工事監理の法的な根拠も知っておこう

●「設計」とは、その者（建築士）の責任において「設計図書」（建築物の建築工事に必要な図面など）を作成すること。
（基準法第2条10項、建築士法第2条第6項）
●「工事監理」とは、その者（建築士）の責任において、工事を設計図書と照合し、それが設計図書のとおりに実施されているかどうかを確認すること。
（基準法第2条11項、建築士法第2条第8項）

建築士 の 委託契約時には範囲を
基礎力 02 きっちり伝えよう

設計の委託契約は建築士事務所の生きる糧（かて）。内容をしっかり説明し、安心してもらったうえで委託契約を交わそう。

建築士事務所の業務は「告示98号」を参考に

建築士事務所の業務は調査、基本設計、実施設計、監理が基本ですが、建築主との委託契約時には委託の範囲を伝えておくと良いでしょう。そうしておくことで、「ちょっと調査してよ」「パース描いてくれるよね」などと頼まれたときも、業務内容に従い「今回は特別にサービスします」「その案件は追加作業になりますが」などと伝えやすくなります。

建築士事務所の業務については、国土交通省告示98号（以下、告示98号）が参考になります。あくまでも参考例なので、各建築士事務所の実情に合ったものに変えることが大切です。たとえば、特別な技術を売りにしている場合は報酬もまったく違ってきますからね。

▼基本設計の成果図書の例

（2）戸建木造住宅に係る成果図書

建物の形や仕上げなどの図面。意匠図とも呼ばれる。実施設計では室内の図面や詳細図も含む

建物の骨組みの図面。基本設計では概要まで、実施設計では構造体の図面や構造計算も含む

設計の種類	成果図書
（1）総合	①仕様概要書
	②仕上概要表
	③配置図
	④平面図（各階）
	⑤断面図
	⑥立面図
	⑦工事費概算書
（2）構造	①仕様概要書
	②工事費概算書
（3）設備	①仕様概要書
	②設備位置図（電気、給排水衛生及び空調喚起）

給排水や給湯、電気、換気、冷暖房などの図面。基本設計では概要程度で十分。実施設計では設備器具や配線配管経路が描かれる

※ 2019年・告示98号「建築士事務所の開設者がその業務に関して請求することのできる報酬の基準」（国土交通省HPより）

工事監理は監理に含まれる

　工事監理は建築基準法（以下、基準法）で定められた法的業務。それに対し、監理は建築主により委託された業務です。「建築主の代理として現場をチェックする」という点は同じですが、工事監理は法律順守という責任があり、監理は建築主に対する責任が基本となります。

　しかし、通常は建築主から監理と確認申請を依頼されれば、工事監理も委託を受けたことになります。簡単にいえば、監理の契約をすれば法律順守の工事監理の責任もセットで負うということです。

　これは設計の場合も同じで、設計を依頼されれば、法律順守の設計も委託を受けたと考えます。法的な責任も負うということですね。このとき確認申請書は法的な証拠品となります。責任をもって対応しましょう。

▼工事監理と監理の区別

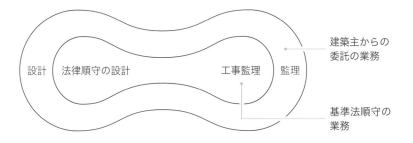

設計　法律順守の設計　　　　工事監理　監理

建築主からの
委託の業務

基準法順守の
業務

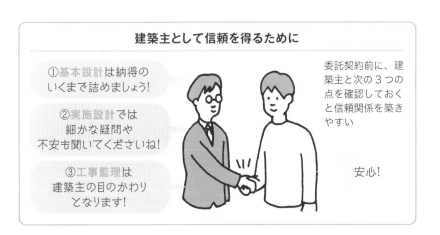

建築主として信頼を得るために

①基本設計は納得のいくまで詰めましょう！

②実施設計では細かな疑問や不安も聞いてくださいね！

③工事監理は建築主の目のかわりとなります！

委託契約前に、建築主と次の3つの点を確認しておくと信頼関係を築きやすい

安心！

建築士 の 03 重要事項の説明は 「超」がつく重要業務

建築士 基礎力

建築士法による設計監理業務委託前の重要事項の説明は、社会的責任を伴う。ほかにも説明が必要なものはあるけれど、重要度がまったく違うよ。

重要事項として説明する主な内容

管理建築士または所属建築士は、建築士免許証または免許証明書を提示し、受託内容を書面で説明することになっています。口頭だけですませてはいけないものなので気をつけよう。

説明する内容については、建築士法 24 条の 7（表❶〜❺）、施行規則第 22 条の 2 の 2（表❻）で決められています。宅地建物取引業法（不動産売買時）や建築物省エネ法の説明とは区別しておこう。

▼重要事項説明書の記入例（設計関連団体四会推奨様式）

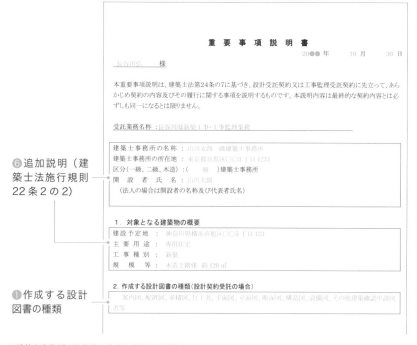

❻追加説明（建築士法施行規則 22 条 2 の 2）

❶作成する設計図書の種類

※建築士事務所の技術的な事項を統括する建築士のこと。

3．工事と設計図書との照合の方法及び工事監理の実施の状況に関する報告の方法
　　（工事監理契約受託の場合）

①工事と設計図書との照合の方法：
　施工業者からの施工報告及びサンプリング等による現場立会検査により設計図書と照合チェックします。

②工事監理の実施の状況に関する報告の方法：
　月間工事監理報告を提出、工事監理完了後に建築士法に基づく工事監理報告書を提出します。

❷工事と設計図書との照合方法、工事監理の報告方法

4．設計又は工事監理の一部を委託する場合の計画

①設計又は工事監理の一部を委託する予定：　あり
②委託する業務の概要及び委託先（ありの場合の計画）
　委託する業務の概要：　構造設計
　建築士事務所の名称：　一級建築士事務所 川山建築研究所
　建築士事務所の所在地：　東京都豊島区○○10丁目234
　開 設 者 氏 名：　川山郎太
　　（法人の場合は開設者の名称及び代表者氏名）

❻追加説明（建築士法施行規則22条2の2）

5．設計又は工事監理に従事することとなる建築士・建築設備士

①設計業務に従事することとなる建築士・建築設備士	②工事監理業務に従事することとなる建築士・建築設備士
【氏名】 山川太郎	【氏名】 山川太郎
【資格】（ 一級 ）建築士 【登録番号】（ ○○ ）	【資格】（ 一級 ）建築士 【登録番号】（ ○○ ）
【氏名】：	【氏名】：
【資格】（ ）建築士 【登録番号】（ ）	【資格】（ ）建築士 【登録番号】（ ）
（建築設備の設計に関し意見を聴く者）	（建築設備の工事監理に関し意見を聴く者）
【氏名】 該当なし	【氏名】 該当なし
【資格】建築設備士	【資格】建築設備士

＊ 設計に従事することとなる建築士が構造設計一級建築士又は設備設計一級建築士である場合にはその旨の記載が必要です。

❸設計、工事監理に従事する建築士の氏名と建築士の資格

❻追加説明

6．報酬の額及び支払の時期

①報酬の額：●●●● 円 依頼時予定額、税込み）
　別紙見積書添付。建築確認申請手数料は含まれていません。

②支払の時期：設計依頼時（20%）、実施設計完了時（40%）、工事監理完了時（30%）の 3 回払い

❹報酬の額および支払いの時期

❺契約の解除に関する事項

7．契約の解除に関する事項

建築士法上正当と認められる事由があるときに限り、建築士事務所が本件業務を完了する以前において、書面をもって本件業務について契約の解除をすることができます。この場合、本件業務に関する成果品及びその対価の取扱いについては、出来高払いを基本として協議の上定めるものとします。

（説明をする建築士）
氏 名：　山川太郎

資格等：（ 一級 ）建築士、　☑管理建築士、□所属する建築士

上記の建築士から建築士免許証（免許証明書）の提示のもと重要事項の説明を受け、重要事項説明書を受領しました。
　　　　　　　　　　　　　　　　　　20●● 年　　10 月　　30 日

（説明を受けた建築主）
住 所：　神奈川県横浜市泉区○○○5丁目123

氏 名：　長谷川清

書式はとくに決まっていないけれど、①〜⑥のことを記入すること。ちなみに、このサンプルは日本建築士事務所協会連合会HPからダウンロードできます

建築士の基礎力 04　基本的なスケジュールを共有しよう

委託段階では、基本的なスケジュールを示し、どれくらいの時間が必要かを理解してもらおう。予測が難しい部分ほど丁寧な説明を。

スケジュールの4つのステップ

　設計を始める段階では、補助金、ローン申請、見積期間、施工期間、各種届出などは不確定要素です。そのうえ基本設計は建築主の納得が大切なので、想定より長引いてしまうこともあります。私は住宅の基本設計だけに1年かかったこともあります。

　大切なのは、委託を受けた段階で建築主に基本的なスケジュールを示し、遅滞の可能性も含めて説明しておくことです。そうすることで、たいていのトラブルは避けられると思います。ここでは、基本的なスケジュールを4つのステップに分けて説明します。

STEP1　基本設計（3か月〜）
□建物の基本方針を示す設計図書と予算の作成　　□敷地図などの基本資料確認
□ヒアリングと条件の整理

STEP2　実施設計（2か月〜）
□見積・工事のための設計図書作成
□細かな条件を確認し図面化

STEP3　見積調整と契約時の立ち会い、確認申請業務（2か月〜）
□見積依頼と調整　　　　　□工事契約立ち会い
□建築確認申請業務

STEP4　工事の監理（5か月〜）
□設計図に従い、工事を建築主の代理でチェック
□工事用施工図や報告書のチェック　　□検査などの立ち会い、報告

▼基本的なスケジュール

- □設計業務依頼と支払いは？
- □資金はどうする？
- □敷地測量、地質調査の費用は？

建物の基本方針を決める図面の作成。建築主とのコミュニケーションが大切だ。建築主が納得しないまま次に進むと時間の無駄となる。後悔先に立たず

- □要求は出しきってもらったかな？
- □ローンの調整を始めよう
- □設計業務完了の確認は？

工事と見積の根拠となる図面の作成。ここまでが設計業務だ。確認申請の図面も作成する。建築主の細かなこだわりを大切にしよう

- □監理業務依頼と支払いは？
- □工事請負契約と支払、印紙税のことも伝えよう
- □建築確認申請料も必要
- □引越し準備は大丈夫？

ここからは監理業務。見積金額と予算が大きく違うと日程が延びてしまうことも。工事契約時の立ち会いも、建築主の不安をなくすための大切な仕事だよ

- □地鎮祭や上棟式はどうする？
- □現場や材料をたしかめよう
- □登記して、引越し

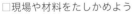

建築主の代理で、工事が図面どおりに進められているかをチェックする。検査の立ち会いなども含む。そして、しっかりと記録に残そう

Kuruba's Point

プロの押え処

住宅のコンペは効果的か

住宅のコンペは建築主にとっては良いことのように思えるけれど、一概に良いとはいえないのが現状だね。

比較できるという幻想

　建築で「コンペ」という言葉は、一般的に使われています。しかし、住宅レベルのコンペはあまりオススメではありません。

　たとえば、品質が一定の食品であれば価格が安いものを選べば良いとわかります。でも、そこに消費期限という比較要素がひとつ加わるだけで、期限までに使いきれるかを考えなくてはならなくなり、悩んでしまうもの。下手をすれば廃棄することになり、損しますからね。品質が一定のものですらこれですから、比較要素が無限にある住宅設計では途方に暮れるのも当然です。基本的には比較不可能といっても良いでしょう。

　さらに条件（選択基準）自体があいまいな競争は、違う土俵で相撲をとっているようなものなのです。

オープンなキッチンが
カッコイイな

子どもはリビングで
勉強するから子ども
部屋は小さくて良い

草花でいっぱいに
なる庭が良い

料理をつくる場所を
あまり人に見せたくない

子ども部屋は6帖ぐ
らいが一般的なのかな

虫が出るのは
嫌だなあ

相反する要望に見えても、じっくり話を詰めていけば落としどころは見つけられるものなんですけどね。ある程度オープンだけど手もとは隠せるキッチン、とか……

住宅のコンペは同じ土俵で戦えない

　公共コンペのように専門家が一度プランをつくり、条件を吟味して予算を出し、プロの視点で選ぶのであれば、何とか土俵を同じにした戦いができます。しかし、建築知識のない人には冷静に判断をすることは難しい。ですから、住宅のコンペは無理といえますね。

　私も、建築主の要望を詳しく記した条件書のある住宅のコンペに参加したことがあります。「重要」と書かれた条件を踏まえ、十分に自信のある提案をしたところ、その建築主は「あれ、そんなこと書きました？」とまさかの反応……。一般の方にとっては条件や要望といってもあいまいで、目先の提案にまどわされてしまう可能性も高いのです。住宅の設計やデザインは形になって初めて気づくことも多いのです。

　ですから、建築主にとってはコンペなんかよりも、条件や要望をともに考えてくれる設計パートナーを選ぶことのほうが、断然お得だと思います。

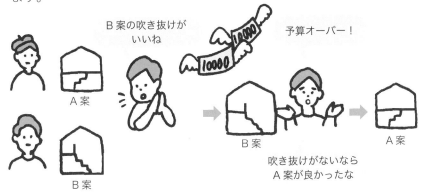

住宅コンペはプレゼンの訓練と考える

　とはいえ、設計者として「やってみたい！」と思えるような住宅コンペがあったら、どうしましょうか。そのときは「建築主の条件（要望）はあいまいなもの」と、思いきったプランを提案するのがオススメ。

　もしかしたら、それで決まっちゃうかもしれません。だって、自分の要望すらよくわかっていない人（建築主）が選ぶんですから。極端なことをいえば、どんな案かなど関係なく、ただ服装の趣味が合うからという理由で選ばれるかもしれません。でも、そういったことも含め、「プレゼンテーションの訓練」と割りきって挑戦するのも楽しいですよ。

プロの押え処

建築士事務所の面々と役割を紹介

建築物の設計から完成までには多くの人がかかわるが、
主な役割と責任は建築主に説明しておきたい。

建築士事務所はどんな人で構成されている？

　建築士事務所を構成するメンバーは、簡単そうでチョット複雑。

　報酬を得て設計監理をおこなうには、建築士事務所の登録が必要なことをまずは忘れずに（建築士法 23 条の 3）。

開設者

建築士でなくてもOK。
管理建築士がなることも多い

※設計監理の契約の当事者で、業務記録や
設計監理図書を保存する義務もある

代理者

確認申請業務をおこなう。
開設者か管理建築士が
担当することが多い

管理建築士

総括！

建築士事務所に必須の建築士。
専任でほかの会社には勤務できない
（建築士法第24条による）

設計者

工事監理者

建築士の責任で
図面を作成する

建築士の責任で
工事監理をする

協力事務所

構造、設備などを
専門とする建築士の事務所

施工業者のことも知っておこう

　施工業者は、工務店やゼネコンなどとも呼ばれます。建設業法による「建設業許可」を得て請負工事をする業者です。

　工事を管理する会社の担当者は現場監督と呼ばれます。現場監督が工事を管理（監理ではありません）する業務を、施工管理や工事管理といいます。

　建築主、設計監理の建築士、施工業者の信頼関係は、建物のでき栄えを大きく左右します。

プロ の 押え処

請負と委任は違うと知っておく

建築士事務所の業務は「委任」、施工業者の業務は「請負」といわれている。責任が違うことを頭に入れておこう。

委任と準委任

建築士事務所の設計監理業務では「委託契約書」を建築主と交わしますが、それは民法では「委任契約」の部類に入ります（民法643条）。

委任契約のうち、委任は法律関連業務の依頼で使い、それ以外の業務を受けるときは準委任と呼びます。建築士事務所のほとんどの業務は準委任にあたります。ただし、確認申請業務は法律関係なので委任状を受けて代行する委任業務です。

施工業者と交わす請負契約とは、当然区別しなければいけません。

委任
法律関連業務
での依頼

準委任
法律関連業務
以外での依頼

準委任の特徴

ある仕事の完成を契約し、その仕事の結果に対して報酬を支払う請負契約（民放632条）と違い、準委任は委任された行為をまっとうすることが仕事であり、結果の良否は基本的には対象外です。

たとえば、講師などの依頼は準委任です。誠意をもって講義をすれば、評判が芳しくなくても契約違反とはなりません。講義が終わったあとで、「イマイチだったので報酬なし」とはいえないのです。

また、請負は完成品に欠陥が見つかれば、契約不適合（瑕疵担保）責任が生じます。それに対し準委任は、契約どおりの業務をしなかったときに善管注意義務違反が生じます。ですから準委任では報酬を支払う条件は明確にしておくことが必要です。といっても、設計業務はあいまいになりがちなので、主な業務の区切りをお互いに確認したうえで進めていくことを提案します。

　以前、設計監理業務は委任業務か請負業務かと議論された時期もありましたが、現在では準委任と考えられています。でも、実際に交わす契約書は「委託契約書」が一般的なので、チョットややこしいですね。

▼請負契約と準委任契約

請負契約

完成品

仕事の結果に対して
報酬が生まれる

準委任契約

こんなのできる
かな？

任せてください。良
いものをつくるよう
にがんばります

任された職務内容をまっとうすることに
報酬が生まれる

請負契約
＝
**契約不適合責任
（瑕疵担保責任）**

完成品に欠陥が
見つかったときの対処が必要

準委任契約
＝
善管注意義務違反

通常の注意義務を怠ったことで
生じた欠陥などへの対処が必要

プロの押え処

報酬をどうするかを決めておく

仕事は報酬があってのもの。告示98号は、建築士の報酬の基礎資料だね。設計監理料を略算で知っておこう。

設計監理料を略算で知っておく

　設計監理料は仕事の内容や必要な手間、技術者のレベルから積み上げて計算するのがもっとも適正なのですが、現実は業務前に提案するので、告示98号（建築士事務所の開設者がその業務に関して請求することのできる報酬基準について）の略算式を参考に、自ら（事務所）のスキルなどを考えて決めるのがベストでしょう。

設計監理の業務報酬略算式

設計監理の業務報酬＝

| ①直接人件費 | × | ② 2.1（経費加算分） | + | ③特別経費 | + | ④技術料等経費 | + | 消費税相当額 |

---

①直接人件費
遂行に必要な人件費など

②経費加算分
事務所の維持費、機材費など

③特別経費
建築主の依頼による出張などの経費など

④技術料等経費
建築士の技術、研究蓄積費など

簡単な例

■ 建築士歴 2 年程度、年俸 500 万円と仮定。

500 万円 ÷ 200 日 ÷ 8 時間

≒ 3,000 円 / 時

の時給と考えてみよう。

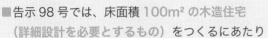

計算では、年収 500万円の建築士が半年間働くと100m²の家ができるんだ

■ 告示 98 号では、床面積 100m² の木造住宅

（詳細設計を必要とするもの）をつくるにあたり

設　　　計：総合 350 ＋ 構造 81 ＋ 設備 110 ＝ 541 時間

工事監理：総合 180 ＋ 構造 30 ＋ 設備 38　＝ 248 時間

合計 789 時間が必要とされています。

↑

これは延べ約 100 日程度の労働時間に相当するので、建築士ひとりの約半年の仕事量。

■ 直接人件費は、789 時間× 0.3 万円 / 時 ≒ 237 万円

（上記、建築士の時給より算定）

業務報酬 ＝ （237 × 2.1）＋ 0 ＋ 0 ≒ 税別 500 万円

※概要の説明のため、ここでは特別経費や技術料等経費はないものとして計算。

消費税込みで、約 550 万円。

↑

この 100m² の木造住宅の金額を 3,000 万（税別）とすると、

設計監理料は工事費全体の 17%程度になる。

※国土交通省の設計業務委託等技術者単価は、3 年未満の 1 級建築士で、日額 32,800 円（4,100 円 / 時）（令和 3 年）。

報酬は独自に決めるもの

　かつては工事予定額の一定の割合で報酬を出す方法が主流でしたが、工事費を努力して減額すると設計監理料も減少するというジレンマが生じてしまうのでオススメできません。

　私の事務所では、延べ面積に従い独自に設計監理料を決めています。以前は国交告 15 号（建告第 1206 号、現在は国交告 98 号）による算定も添付して、特別な金額ではないことをアピールしていたこともありますが、報酬について自信をもって伝えることは大切ですね。さて、みなさんの事務所の技術や芸術性、サービスへの報酬はどれくらいでしょう？

「街場の建築家」を
目指そうよ

「建築」と「建築物」はどう違う？

　建築は「architecture」、建築物は「building」の日本語訳。そして、architectureを扱うのが建築家で、buildingを扱うのが建築士と区別するとわかりやすいでしょう。

　建築家の内藤廣さんは、architectureは抽象名詞で複数形をもたないといっています。「building」には複数形がありますから「もの」ですが、architectureには複数形がないので「もの」ではなく建築という概念です。コンピュータのシステムをarchitectureと呼ぶことでもわかります。

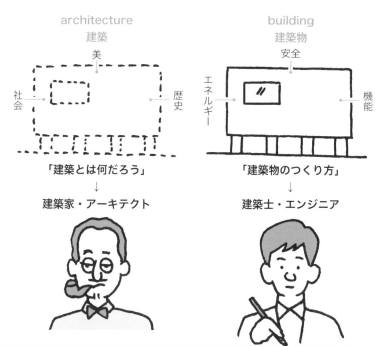

architecture
建築
美
社会 — 歴史
「建築とは何だろう」
↓
建築家・アーキテクト

building
建築物
安全
エネルギー — 機能
「建築物のつくり方」
↓
建築士・エンジニア

建築家"architect"になるためには何が必要？

　実際には、建築物という「もの」を扱いながらも、建築という「概念」と向き合うのが建築家といえそうです。つまり、「人間にとって、建築とはいったい何だろう」と考えられる建築士が建築家であると思うのです。ん？　なんだか禅問答のようですね。

　いずれにせよ、素晴らしい建築家の著作や建築作品を通じて「考え」を吸収すると良いでしょう。しかし、建築家の言葉は難解なものも多く、目の前にある仕事とのギャップに何だか意欲がそがれてしまうこともあります。

　でも、ちょっと待ってください。日本で現在活躍する建築家の多くは、目の前の小さな住宅にまじめに取り組み、そうして力をつけてきました。「住宅は、建築ではない」という人や、逆に「建築は、住宅に始まり住宅に終わる」という人など考え方はいろいろですが、住宅に向き合うことは、「建築」に向かい合う建築家への道のひとつであることは確かなようです。

「街場の建築家」も良いね

　建築批評家の布野修司さんは、自著『裸の建築家――タウンアーキテクト論序説』の中で「タウンアーキテクト」という新たな概念を提案しています。これを訳すと「街の建築家」となり、建築家こそ積極的に街づくりにかかわるべきであると提言しているのです。

　そのうえで、私は、街とつながる住宅づくりに真剣に取り組む建築士もまた、「街場の建築家」あるいは「住まいづくりの建築家」と呼んでも良いのではないかと思います。山本周五郎、黒澤明が描いた「赤ひげ先生」を医者のひとつの理想形とするならば、「街場の建築家」は建築家のひとつの理想形といえるのではないでしょうか。

 『裸の建築家――タウンアーキテクト論序説』
布野修司（建築資料研究社）

目指せ街場の建築家 ❷ 知っていて損はない！

建築家の住宅論を
読み比べてみよう

建築家の思考はいろいろ

　住宅の実務的なプランニングを少し離れ、住宅に対する視野を広めることは大切です。建築家の住宅論を紐解くと設計への意欲が湧いてきます。

　住宅は住みやすさだけが求められるのではありません。省エネ時代だからこそ読んでみることをオススメします。

建築家の住宅への思い

『住宅論』篠原一男（SD 選書）

　「住宅は芸術である」という名句のある本。少々極端にも聞こえるが、高度成長とともに窮屈となる住宅に立ち向かう建築家の 1960 年代のメッセージ。住宅には機能性や快適性以上の何かが必要だ。それは自由奔放な想像力や芸術性だという。住宅の枠を広げてくれる。

> 設計をがんばろう、という気になるね

　さらに設計を洗練させたいという気持ちになる。

『家 1969 → 96』安藤忠雄（住まいの図書館出版局）

　住吉の長屋（➡ P.133）という有名な住宅から一気に活躍の幅を広げた建築家の家に対する熱い思いを、図面やスケッチを通して感じられる本。家というテーマだけでも限りない世界が待っている。80 もの住宅例が圧巻だ。

> いつでも取り出せる本棚に置いておこう

『都市・住宅論』東孝光（SD 選書）

　高度経済成長真っただ中、郊外を選ばず、あえて都心に住むことで、都市を自分の設計手法の軸として考えていく若い建築家の思考が、自ら設計した「塔の家」（➡ P.133）という究極の都市型住宅をもって語られていく。

> 都市住宅に向き合う建築家なら読んでおきたい

住まいと社会との関係

『個室群住居 崩壊する近代家族と建築的課題』
黒沢隆（住まいの図書館出版局）

　「社会−家庭−個人」で成り立っていた近代住居が、「社会−個人」という関係に変化してきたことを、いち早く看取し、個室群住居という考えを提案した一冊。

> スマホを介したつながりの現代社会は、黒沢隆が考えた個室住居群と通じるものもあるような気がする

『住居論』山本理顕（住まいの図書館出版局）

　住宅は現実の生活とか家族などに応じてできあがっているというより、みんなが考える生活像や家族像に応じてできあがっている。だから、それが変化しない限り、住宅は変わらないということを知るべきだと感じる。

> 生活像や家族像を建築主と発見する設計はやりがいがあるね

住宅を考える視点

『すまい考今学』西山夘三（彰国社）

　西山夘三は戦後、住まいの「食寝分離」の必要性を説き、日本住宅公団の nDK（家族モデル）への道を用意した建築家であり研究家。新しい本ではないが、日本住宅の歴史を通して、住宅を考えるには最適の一冊。

> かなり分厚いけれど、ぜひ紐解いてみてほしい

『新・住宅論』難波和彦（放送大学叢書）

　「箱の家」の建築家が、日本の住宅を取り巻くさまざまな視点を提供してくれる。仮設住居、家族の変容、エコハウス、住宅の供給、小さな家、住宅の戦後住宅史などもりだくさんで、興味のつきない内容となっている。

> 住宅について考える起点となる本ぞろう

番外編

『建築家なしの建築』
バーナード・ルドフスキー（SD選書）

　建築家の住宅論紹介なのに「建築家なし」とはいかに。同じSD選書「住まいの原型I、II」もあわせてどうぞ。

> 眺めてみるだけで、住まいづくりはいいなと叫びたくなる

『くうねるところにすむところ：家を伝える本』シリーズ（平凡社）

　著名な建築家が、さまざまな切り口から絵本で「家」を伝えるシリーズ。読者設定は14歳ぐらいだが読みごたえは十分。

> ほっこりと住まいを考える時間をもつのに良い本

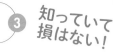

宮脇檀（まゆみ）で建築家の住宅設計を学ぶ

文庫本などで気楽に読める建築家

　建築家の宮脇檀は、建築家が住宅とどうかかわるべきかを示してくれたパイオニア。幅広い層に向けたこなれた文章と住宅にまつわる話は、建築主との話に奥行きをもたせてくれます。本の表題だけ見ても、そそられる。入手の難しいものも多いので、図書館で探してみてほしい。

　ここで、いくつかの著作を紹介します。打ち合わせや建築談義でちょっと引用してみると良いですよ。私は、新しい住宅の依頼があると、これらの本をチラリと読んでから臨みます。

『日曜日の住居学　住まいのことを考えてみよう』宮脇檀（河出文庫）

　欲望に彩られていく住宅設計にかかわりながら、欲望に絡み取られていく設計者。そんな自らを、『欲望という名の電車』という名作映画になぞらえて軽妙に嘆く姿は、まじめに住宅にかかわる者としては共感を覚える。

　欲望でいっぱいの住宅の方が設計監理料も高いからラッキーと思ったときに、「住まい方は生き方」と記す著者のこの本を読んで、もう少し欲望をおさえた住宅のほうが住み手には良いのかもと考えてみるのも良いだろう。

『男の生活の愉しみ 知的に生きるヒント』宮脇檀（PHP文庫）

　日常生活や旅行、食事の中でのふとした気づきの中に、住宅設計への向き合い方のヒントがあると教えてくれる。

　台所はなぜ汚いのだろう？　お父さんの専用椅子があると良い理由は？　ホテルの宿泊部屋の実測のススメなどなど、気づきの数々。住宅にかかわるなら、このミクロな疑問や気づきに敏感になりたい。

　品切重版未定、電子書籍のみでの取り扱い。

委託と受託

入手困難だけど、おすすめしたい！

『住まいとほどよくつきあう』宮脇檀（新潮文庫）

　宮脇檀の没後、彼の展覧会で建築主への不満などを記した赤裸々なメモ（？）が展示され、巷で話題になった。この本では、建築家の設計ミスの最大のものは施主とシンクロできないことだといっている。ホントに苦労したんだなと、彼の心中とシンクロできる。

　仕事だから建築主の意をくむのは基本だけれど、苦労してでも建築家として住まい方の提案を盛り込むことは大事で、楽しいことだと述べられている。

　住宅設計者の提案する住まいと暮らしのヒントが数多く、下段で取りあげた『宮脇檀の住宅設計テキスト』とあわせて読むと良いね。

　版元品切れのため、図書館や古書店で探してほしい。

『それでも建てたい家』宮脇檀（新潮文庫）

　住宅の設計から完成までの流れに沿って、部屋や外構の設計、建材選びのことを、専門家としての視点で具体的に忌憚なく語っている。

　見積の苦労話、メンテナンスはフリーじゃないこと、男に書斎はいらない理由、木を内装で使う理屈、などなど面白い話題がいろいろ。住宅を真剣に考えてきた建築家の思いは、時代の変化を差し引いても伝わってくる。

　住宅の設計監理をするなら、お堅い実務書とあわせて読んでみたい本。

　版元品切れのため、図書館や古書店で探してほしい。

実務書としても役立つ一冊

『宮脇檀の住宅設計テキスト』
宮脇檀（丸善）

　住宅にかかわる建築家の事務所の本棚には必ずある、宮脇檀の住宅のアイデアと実例と図面集。住宅設計の宝石箱。

　設計に行き詰まったときに、ちらりと開くと、あるではないかヒントが！

紹介文献：『男の生活の愉しみ』宮脇檀著（PHP文庫）※現在、電子書籍のみ販売

技術者魂（ハート）に
火をつけて

　日本の建築教育は工学を主軸としているので、建築業界で働く建築士から建築家と呼ばれる人まで、建築技術者というイメージが強いようです。

　一般的にいわれることには、営業に向いた人は１の商品を１以上で売るといったことに意欲を燃やすようですが、技術に向いた人は１という目標に対し、１以上の答えを出すことに満足するタイプの人が多いようです。技術者魂といっても良いでしょう。技術者を主体とする建築士事務所は、だからいつも暇なしなのかもしれません。

　現在の日本では、多くの建築士や建築家が小規模な住宅に熱心にかかわっていますが、これは、都市の限られた敷地で快適に住もうとしている建築主にとってはうれしいことだと思います。意欲的な技術者とタッグを組んで、厳しい条件の住宅づくりに邁進できるのは本当にラッキーなのです。１以上の力を発揮してくれるからです。

　たまに建築主と建築士の相性が悪い場合や、技術魂が過剰な場合もあるようですが……。

　それでも、技術者の魂（ハート）に火をつけてくれれば、我々建築士や建築家はより良い仕事ができるんです！

　ただし、燃え尽きてしまわない程度の見返りは、最低でも用意してもらえないと困ってしまいますが、ね。

居間のこと
イマダわからず

　古い民家で私は育ちましたが、部屋名はダイドコ、チャノマ、ニワ（玄関）、イロリ、ザシキ、ブツマ、ツギノマ、エンガワ、セド（庭）……などと呼んでいました。

　そんな私が建築を学び始め、住宅の設計課題で居間というなじみのない部屋に向き合うことになるわけです。それは住宅の中心らしいのですが、私の家の中心はイロリでしたからピンときません。結局、その設計課題は私の実力不足も大いに加わり悲惨なものでした。完敗です。

　その後、居間のことを学び頭では理解していますが、まだおぼつかない状態です。私にとって、生き生きとした住まいはイロリで火を見つめ餅でも焼きながらくつろぐイメージだからです。化石状態ですね。いつになったらカッコイイ居間をイメージできるんだろうかと悩みながら住宅の設計にかかわり40年。

　居間のことイマダわからずです。

　以前、広い玄関土間から引き戸で直接入れる、食事もできる床座の「居間」を設計しましたが、若いご夫人が、この空間で子どもが成長するのが楽しみといってくれました。時を越え、学生時代の悲惨な「居間」にリベンジを果たせたと思ったものです。

　スマホを操る世代の居間はどんなものかはわかりませんが、くつろぐ空間の本質はそれほど変わっていないようにも思います。部屋名にまどわされずに、居心地良い空間に挑みたいものです。

Part 2

条件の把握

住宅の設計は法律、構造、設備、仕上げ、予算、省エネ、建築主の盛りだくさんな要望など、条件のオンパレード。それを設計の中でクリアにしていくことこそが、設計者の仕事といえるでしょう。

　条件がクリアになり、形になり、生活イメージができるようになってくると、建築主の目が輝きだします。これこそ、建築士の仕事の醍醐味だね。

　さ、たくさんの条件にへこたれず整理していこう。設計の準備運動です。

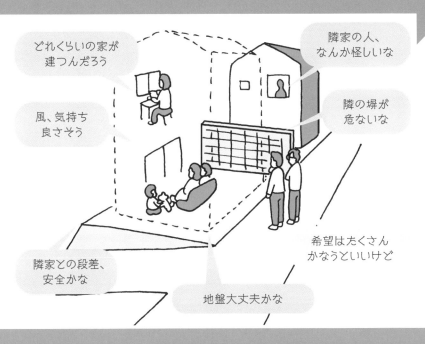

建築士の基礎力 | 01　法的確認を ルーティンにはしない

敷地の用途地域や建ぺい率、容積率は自治体のHPで確かめられるけれど、敷地の周辺や接道の具合で違ってくることも多い。念には念を。

用途地域は設計の一丁目一番地

　同じ条件の敷地はひとつとしてない。測量図や行政窓口、現地確認などで念入りに調べよう。用途地域は、敷地にどのような建物が建築可能かどうかを決める設計の一丁目一番地。間違えるわけないと思っていないかな。

　たとえば、用途地域の境界が敷地の中を通ることも。境界付近の敷地については繰り返し確認してほしい。とくに幹線道路の両側の地帯は、道路からの距離で用途地域が異なる場合も多いので要注意です。

▼道路境界から30mまでが近隣商業地域の例

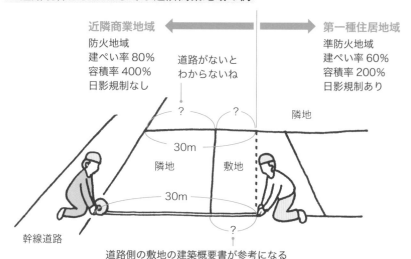

近隣商業地域
防火地域
建ぺい率80%
容積率400%
日影規制なし

道路がないと
わからないね

第一種住居地域
準防火地域
建ぺい率60%
容積率200%
日影規制あり

隣地

30m

隣地　　敷地

30m

幹線道路

道路側の敷地の建築概要書が参考になる

敷地の測量図には用途地域の境界の記入はないのが一般的。測量士に頼むか、自分たちで測るかしかない。道路側の隣地の建築計画概要書があれば利用しよう！

容積率や建ぺい率は条件によって変化する

　住宅の地下、車庫、備蓄倉庫、宅配ボックスなどの容積率緩和は建築物の計画時に確かめれば良いが、接道（敷地の前面道路）の幅員による容積率の変化は、初期の段階で把握しておくことが必要です。

　たとえば、幅員 15m 以上の道路（特定道路）に接した道路に面する敷地には容積率の緩和規定があり、逆に前面道路の幅員が 12m 未満だと容積率が減ることもあることを忘れないようにしよう。

　また、建築面積を決める建ぺい率は、角地や防火・準防火地域では緩和される（＝建ぺい率が増える）。ただし、角地の定義は地域によって異なることもあります。

▼前面道路の幅員による容積率修正値

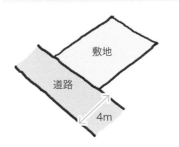

用途地域による容積率が 200% でも
前面道路の幅員が 4m なら
0.4（係数※）×4m=1.6 となり
容積率は 160% まで下がることもある！
※地域によっては 0.6 または 0.8 もある

住宅地で幅員が
4m くらいの道路は多い。
注意が必要だね

▼建ぺい率の緩和にかかる角地判断〈世田谷区の場合〉

条件❶　2つの道路がつくる角度が
　　　　120 度未満のとき

角度がキモ！
120 度以上になると
角地ではない

敷地
120°
以上

道路

条件❷　道路に挟まれた敷地のとき

下記のような道路に挟まれた敷地は、角地に準ずる敷地として 10% の緩和がある

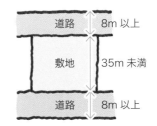

どちらも敷地全周の 1/3 以上が
道路に接していることが条件だよ

建築士の 建物の形は高さの規制を
基礎力 02 理解することから

高さの規制を理解して、建物の階数と形を決めていくのは設計者の力の発揮しどころ。大変だけど、専門性も高く、評価されるポイントだよ。

4つの高さ規制で建物の形が決まる

都市部では、3つの斜線制限（①道路、②隣地、③北側）と④高度地区の制限で建物の階数と形が決まります。とくに、高度地区の規定は各自治体で違うので要注意です。私も確認を忘れて焦ったことがあります。

▼自治体によって第2種高度地区の規定内容はいろいろ

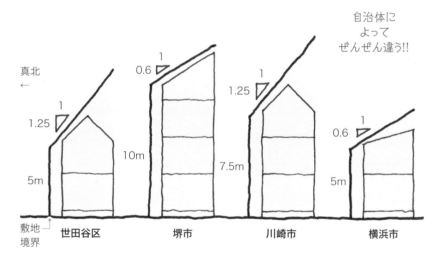

自治体によってぜんぜん違う!!

真北
←

世田谷区　　堺市　　川崎市　　横浜市

敷地境界

忘れないでほしい留意点

● 敷地に面する道路が2本あったり道路が傾斜していたりする場合、また、隣地と段差があるなどの場合には、斜線チェックに手間がかかると覚えておこう。

● 屋上やバルコニーの手摺りが斜線にかかる場合、自治体によって判断が違うことがあるので気をつけよう。

● 3階建て以上の建物については、日影規制の対象になる場合もあるので調べておこう。また、真北測定の要不要も確認しておくと良い。

建築士 の 基礎力 03 基準法以外の規制を チェックする

条例などは自治体のHPだけではわかりにくいので、関連窓口に相談しよう。とくに確認申請前に対応すべき許可などは念入りに。

届出や許可が必要となる条例などのチェック

　建築確認申請前に出すべき届出や許可などの日程を関連窓口に相談しておかないと、いざ確認申請を出す段階で焦ることになります。各自治体の条例に加え、計画道路なども調べておこう。

　3階建て以上の中高層建築物の場合は近隣説明も必要となるが、自治体によって対象建築物が微妙に違うので間違えないようにしよう。ほかにも緑化、景観、地区計画、建築協定、雨水処理、がけ地の規制、埋蔵物地区など、確認しておくべきことはたくさんあります。

　「基準法以外にも調整することはたくさんあるんですよ」と建築主にアピールしておくと、申請が遅れても理解してもらえるかもね。

▼東京都建築安全条例の例

路地状敷地の建築制限（第3条）
路地状部分（旗竿路地）の幅と奥行きの長さによって規制も変わる

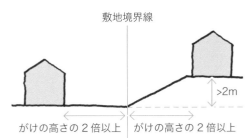

がけ地の規制（第6条）
高さ2mを超えるがけに面した敷地では、擁壁をつくるか、がけの高さの2倍以上離して建てなければならない

がけ地が隣地にあると、擁壁をつくるのが難しいこともあるから対応が難しいね

建築士の基礎力 04　敷地の状況は現地へ行って確認しよう

現地に行く理由は測量図ではわからないことが多いから。設計を始めると、「あれ大丈夫かな？」と不安になることが結構ある。

測量図だけではわからない

　測量図を受け取っていても、敷地の形状、傾斜、がけ、隣家の塀、接道などは必ず現地で確かめたい。とくに、敷地の高低差などの情報は測量図やインターネット上の地図では十分ではない。なお、ライフライン（➡ P.49）や周辺環境（➡ P.50）については別項で説明します。

▼測量図があっても現地で確認すべき事項

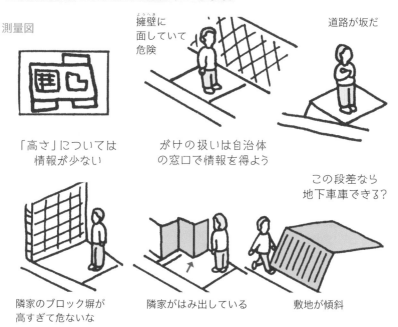

測量図

「高さ」については情報が少ない

擁壁に面していて危険

がけの扱いは自治体の窓口で情報を得よう

道路が坂だ

隣家のブロック塀が高すぎて危ないな

隣家がはみ出している

この段差なら地下車庫できる？

敷地が傾斜

地盤関係の情報を得るにはどうすれば？

役所に地盤調査の閲覧があればチェックしておこう。地盤調査前の計画には、ジオダスHP、地盤サポートマップ（ジャパンホームシールドHP）なども役立つ。地盤関係業者、構造設計者などにお願いするという手もある。

建築士の 基礎力 05 狭い道には気をつけよう

道路には、狭くても接道が許される狭隘道路や私道などもある。そもそも道路と認定されない道もあるから要注意だね。

接道の情報は現地と役所の窓口から得る

　道路の幅員と傾斜、接道状況は敷地へ行って確認したうえで、自治体の窓口で道路区分、道路名（県道、町道、私道など）、道路幅（あれば）をチェックします。現場採寸と役所の調査した道路幅が違う場合、一般的に現地の道路幅を優先するようにといわれることが多いです。

　ただし、現地の道路幅が縁石ブロックで決まらないことや縁石のど真ん中に道路境界ピンが打ってあるようなこともあるからややこしい。現場と役所、両方の情報をしっかりすり合わせることが大事だね。

▼注意したい！　狭い道路に接する敷地

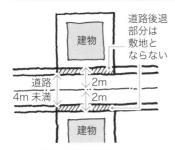

みなし道路（狭隘道路）
幅員 4m 未満の道路のうち建築基準法（42 条第 2 項）で定められた道路のこと。2 項道路とも呼ばれる

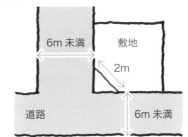

狭い道路の角地
自治体によっては、隅切りの建築制限があるので注意しよう。川崎市の場合、角地に家は建てられないが、面積的には敷地として扱う

道路区分（建築基準法 42 条）

第 1 項	第 1 号	道路法による公道（国道、都道府県道、市区町村道等）
	第 2 号	都市計画法などの法律によってつくられる道路
	第 3 号	基準法の施行日（昭和 25 年 11 月 23 日）以前に存在した道路
	第 4 号	都市計画道路などで 2 年以内につくられる道路
	第 5 号	個人や法人などによって築造された道路
第 2 項	みなし道路	基準法の施行時に存在した 4m 未満で特定行政庁が指定した道路

建築士 の 行き止まりの道は
基礎力 06 念入りに調べよう

行き止まりの道に接する敷地の場合、その道路は位置指定道路で私道の可能性が高い。配管敷設の際、隣家の許可が必要なので追加の調査が必要だね。

▼行き止まり道路を調べる

道路の隅切りに
ブロック塀があるけれど、
位置指定道路だと、この
隅切りがないと奥の家の
建てかえができない……。
売買時に説明を
受けたんだろうか?

☐ 私道であれば所有関係を法務局で調べる
☐ 位置指定道路は申請書と図面があるので役所の窓口で複写を入手する
☐ 水道管など埋設の変更は所有者の合意が必要なので水道、下水、ガスなどを調べる

▼建築基準法による位置指定道路の隅切り

位置指定道路の場合、道の入口は隅切りが原則だが、角地塀などで専有されていることもあるのでこの解決から始めないといけないこともあるね

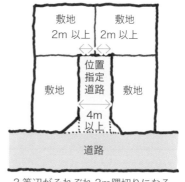

2 等辺がそれぞれ 2m 隅切りになる

建築士の 基礎力 07 ライフライン施設を把握しよう

写したいものの位置関係が確認できるように、バンバン写真を撮影する。
とくに狭小敷地では、メーターなどの位置の採寸もしておきたいね。

上下水道・電気・ガスの状況を確認

　現場では、ライフライン（各種配管や電柱など）の位置や状態の確認
をまずおこないます。それに加え、以下の点にも注意しよう。

● 給水管の新規引き込みや口径（引込管）の交換が必要な場合、加入金
　や口径の変更金が発生する可能性がある。（➡水道局へ）
● 水道管の管理図などで思わぬ経路が判明することがある（密集地で他
　人の敷地を経由しているケースなど）。（➡水道局へ）
● 排水形態（合流、分流、一部側溝、要浄化槽）。（➡下水道局などへ）
● CATVの有無、ガス（都市・LPG）の事情など。（➡関連各社へ）

▼ライフライン調査はここをチェック

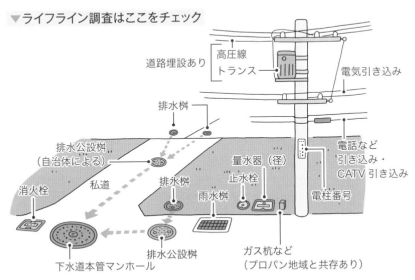

前面道路が狭い敷地では、
量水器、排水桝、電柱の位置は正確に採寸しよう。
玄関の出入りや車の出し入れの邪魔になることもあるからね

049

建築士の基礎力 08 周辺状況は写真に撮って確認する

まず、敷地の中心に立って360度まわりを写す。隣家は、窓を意識して撮ろう。前面道路に出て、向こう三軒両隣も可能な限り写真に残す。

周囲との調和を図るために

敷地周辺の環境、地域の生活の雰囲気などは、住み心地を左右する重要な要素。さまざまな観点で検証できるよう、現地ではとにかく写真をたくさん撮っておこう。あとになって「写しておけばよかった」と悔やむことが結構あるもの。撮影しているところを誰かに見られたときは、軽くあいさつしておくことも大切だね。

▼敷地周辺の様子

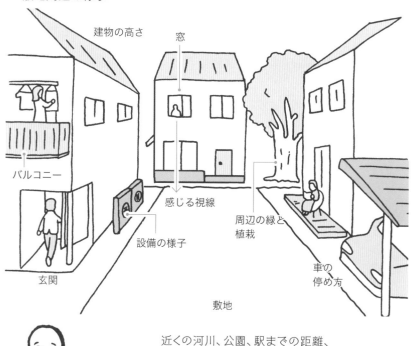

建物の高さ
窓
バルコニー
感じる視線
設備の様子
周辺の緑と植栽
玄関
車の停め方
敷地

近くの河川、公園、駅までの距離、
前面道路の通行量、人の行き来などを
おいしそうな食事処でも探しながら調査して記録しよう!

050

建築士 の 建築主の事情と要望を
基礎力 09 聞き出す

誰の土地で、誰のお金で建てるかは、押さえておくべき大切な情報。その枠内で、可能な限り要望をかなえることが求められている。

建築主に確認しておきたいこと

　敷地は所有地か借地か、名義は誰か、資金はどこから出るのか、税金対策などについても、どこまで考えているのかを確かめておこう。建物の工事費以外の部分で、意外と多くの費用がかかることも話しておくことが大切です。残念なことですが、依頼を受けられる状態にない場合もありますからね。

　要望はプランにかかわることと、性能にかかわることがあります。まずは、希望はざっくりと聞く程度にしよう。詳しくは、基本設計で予算や税金、補助金などと調整しながら決めたほうが良いからね。

　私の経験上、家相風水の検討が必要かどうかも、この段階で確認しておいたほうが良いね。

▼限りある予算の上に建つ住宅

性能の要望
長期優良住宅・
ZEH・HERT20・
性能表示制度・
太陽光発電
など

プランの要望

要望が多すぎて
家が壊れないように、
整理して
軽くしないとね

資金

補助金・減税

住宅本体以外にかかる費用
設計監理料・確認申請検査費用・敷地
測量・地盤調査・外構・解体・水道加
入金・ローン手続費用・家具カーテン
備品・仮住まい・引越し費・地鎮祭上
棟式・税金・登記・保険など

建築士の 戸建てリフォームは
基礎力 10 可能かどうかの判断から

予算内でリフォームができるかどうかを、まずは判断すること。そのためには、建築確認申請関連の書類の有無と、現場の構造確認が必須。

リフォームの全体像を把握するために

　戸建て住宅のリフォームでは構造補強の必要性や、法的、費用的に可能かなどを最初に判断することが必要です。とはいえ、その判断は、スキルのある建築士でも難しい。まずは、確認申請書類と関連書類や図面の有無、現状の構造を調べよう。簡単な内装だけのリフォームでも、構造の状況はしっかり把握しておきたい。戸建ての場合はとくに重要だね。

▼木造2階建て住宅の現状把握

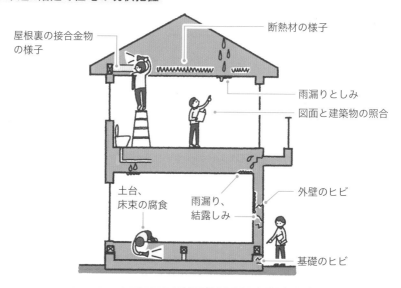

屋根裏の接合金物の様子

断熱材の様子

雨漏りとしみ

図面と建築物の照合

外壁のヒビ

土台、床束の腐食

雨漏り、結露しみ

基礎のヒビ

こんな残念なことが……

　ある中古住宅を購入した方から増築の相談を受けたときに、確認申請書の有無を聞いたところ、「あったかな…？」との返答。後日探して持ってきてくれましたが、以前施工業者が確認申請を無視して違法に増築してしまっていたことが判明しました。「申請時に戻して増築しますか」としかいえませんでした。素敵な住宅だっただけに残念でした。確認申請書は、通帳や身分証明書と同じくらいに大事にしてほしいですね。

建築士の基礎力 II　マンションリフォームの調査は管理組合から

マンションのリフォームの場合、管理組合・管理会社と連絡をとり、図面の有無、工事にかかわる規定などの情報を得ることから始める。

▼マンションリフォームの進め方

マンションにはともに住むために
決められたルールがいろいろある。
これを把握しないと何も始められないね

STEP 1　規約などの確認
- ●管理組合約款
- ●管理組合の情報（理事長など連絡先）
- ●管理会社の情報（連絡先）
- ●図面の有無、保管場所

STEP 2　共用部分の確認
- ●竣工年（図面などで確認）
- ●構造（耐震、スラブ厚など）（図面で確認）
- ●工事時の共有部使用申請（駐車場、EV）（組合に確認）
- ●共用部の仕上げなどの状況（改修計画も確認）
- ●共用部の配管などの状況（図面と現場で確認）
- ● AC 室外機、給湯器などの設置制限（組合に確認）
- ● PS 区画壁状況（図面と現場で確認）

STEP 3　専有部分の確認
- ●スケルトンか部分リフォームか（建築主に確認）
- ●設備状況（排水、スリーブ、電気容量）
　（図面・組合・現場で確認）
- ●断熱性・遮音性（床と天井の状況）（図面で確認）
- ●上下、両隣、前の住戸の住人情報（住人などに確認）
- ●換気扇ダクト経路（図面と現場で確認）

STEP 4　リフォームの打ち合わせ

プロの押え処

初回の打ち合わせは大雑把に

建築主は自分のことがわかっていないもの。大雑把な話から始める。簡単な質問メモを介して話してみよう。

　初めての打ち合わせ前に、簡単な質問メモを記入してもらうと良い。できれば、その家に住むことになる全員に書いてもらいたいが、書いてくれない人がいても気にしなくて OK。それも性格の表れとして受け止めよう。一人ひとりの本音や関係性を理解するのに役立つ。とくに、子どもの回答はおもしろいものが多く、会話のきっかけにもなる。

住まい方メモ　　　名前 山田未央　　年齢 11 才

（思いつくことを気楽に記入。細かなことは設計段階で伺います）

【大切に思っていること】
バルコニーを通って家を一周できる

【住まいに思うこと】3階建て。庭は芝生で、ちょっとしたすきまからげんかんにつながる

【道路から玄関まで】
かだんがあって花が咲いている

【玄関】
げんかんの近くに広いクローゼット

【食事するところ】　庭が見える。キッチンは子どもでも使えるように火が出ない

【大切な場所（趣味やいろいろ）】　マンガがかけるスペースがほしい（かべ紙を派手に）

その他の質問として、〈料理するところ〉〈住まいの眺め〉〈休日のすごし方〉〈階段〉〈今まで住んだところで良いところ〉〈仏壇、神棚について〉〈敷地で良いなと思うところ〉など

プロの押え処

建築主の生活の「高さ」を把握する

「高さ」は、設計に慣れてからも悩む点。建築主の現状と感想を知ることでより良い提案ができるようになる。

　さまざまな「高さ」を測ることは、生活改善に必要な情報です。たとえば、住み手がソファに座ってテレビを観るというのであれば、ソファに座ったときの目とテレビの高さの採寸もしておきたい。高齢者や車椅子利用の家族がいれば、手摺りの高さや手の届く高さ、目の高さなどもそれぞれ丁寧に測っておこう。

　あわせて、現状の暮らしの感想なども聞きとっておくと良い。

▼生活の中の「高さ」チェック

家族全員の身長
子どもは成長するけどね

手の届く高さ
物が取れるかな

キッチンの高さ
腰が疲れないと良いな

洗面台の高さ
使いにくくないかな？

座ったときの目線いろいろ
テレビはどこから観る？　ソファから？

身長、目の高さ、手の届く高さ、キッチンの高さ、シンクの深さ、食堂の椅子とテーブルの高さ、ソファの座の高さ、洗面台の高さ、階段の蹴上などを測り感想を聞いておこう。

プロの押え処

クローゼットは服だけのものじゃない

服の量は当然調べないといけないが、帽子やバッグなどの小物は意外と多い。忘れずに確認しておこう。

　服の吊り長さや量は採寸の基本だが、バッグや帽子、アクセサリー、ネクタイ、靴、スカーフなどの量を把握し、保管方法を話しておこう。鏡の要・不要などを聞いておくのも忘れずに。

　「アクセサリーをつけるときのための鏡を置きますか」などと具体的に聞くようにすると要望が出やすい。服よりも小物についてのほうが、話題づくりのきっかけとしても良いかもね。

▼クローゼットにしまうもの

収納方法やよく使うものを聞いておこう。鏡は光の加減も大切だ

Kuruba's Point

プロ の 押え処

趣味の話を聞いておこう

プライベートな時間を有意義にする「趣味」にかかわる
空間が豊かだと、住まいはより快適になるね。

趣味に関するものは、その保管方法がカギとなります。趣味の一部分が家族の生活空間ににじみ出るような計画も、かなり効果的です。

趣味のもの（花やギター、釣り竿など）をどう飾るか、あるいはどこに飾りたいか。中には「サーフボードをバルコニーに飾りたい」といったこだわりが要望として出てくることもあります。

家族の特色が出ると、素敵な住まいづくりにつながります。ただし、ひとりの意見ばかりを尊重してしまうと、同居者の同意が反感に変わることも。家族全員の気持ちを察知しながら進めていくことが大切です。

▼趣味のもの

花器

釣り竿

ギター

CD
DVD
本

キャンプ道具

重いものや高価なもの、思い入れのあるものは、保管の仕方や飾り方についてしっかり聞き出そう

プロの押え処

隣家の塀とがけはどうしよう

隣地のことではあるけれど、塀とがけは安全の面でも重要なので、決して後回しにはできないね。

　危険なブロック塀が隣家または、隣家と建築主の共同の所有の場合には、初期の段階から撤去も含め、建築主とともに隣家と相談することが必要です。撤去が厳しくても、高さ 1.2m あたりで上部を切るという対策も有効です。

　また、敷地境界に段差がある場合、安易な土留め（ブロックなど）のみでは危険なこともあるので建築主にまず話すこと。身長を超えるくらいの段差の場合は、法的規制があることも想定されるので、自治体と相談しないといけません。

　ともかく、隣地との関係や予算もあることなので、設計前に対策を一度話しておきたいですね。

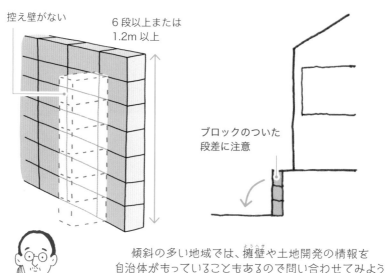

▼危険なブロック塀

控え壁がない

6 段以上または
1.2m 以上

▼注意が必要な段差

ブロックのついた
段差に注意

傾斜の多い地域では、擁壁や土地開発の情報を
自治体がもっていることもあるので問い合わせてみよう

プロの押え処

ハザードマップを調べておく

災害の被害を受けやすい敷地かどうかをチェックしておこう。建築主が気づいていないこともある。

　川の氾濫に備えて盛土をした地盤に建てられた古い住宅は、全国各地にたくさんある。吉野川沿いの「田中家住宅*1」や、木曽川流域の「輪中の水屋*2」、淀川沿いの「段蔵*3」などは、今でも見ることができます。昔から、水害は悩みの種だったようです。

　水害に限らず災害への対策は、住宅づくりには欠かせないものです。地域のハザードマップや地盤情報などは必ず確認しておこう。

*1 江戸時代から400年続いた藍商の家。国指定重要文化財　*2 石を高く積み上げた上に建てられた蔵
*3 土台を階段状に高くした蔵

▼ハザードマップ〈荒川区の例〉　※ハザードマップは自治体のHPで調べられる

この辺りは、水害時に1階全部が水没する地域が多いことがわかる。ベストな解はなくてもベターな設計をしたいね

プロの押え処

隣家とうまくやっていけるだろうか

建築主が忘れがちなのが隣家との関係。設計の初期段階からちゃんと押さえておくと住みやすい家ができる。

「隣家と住み手がうまくやっていくために」という目線でまわりを見てみよう。とくに密集地では、建物が敷地境界に近いことが原因でトラブルになるケースが結構多い。工事のときの足場の越境や関係車両の駐車トラブル、住み始めてからはエアコンの室外機の音や庭木の落ち葉の扱いなど、気をつけたいことはたくさんあるね。

▼敷地と隣家を上から見た様子

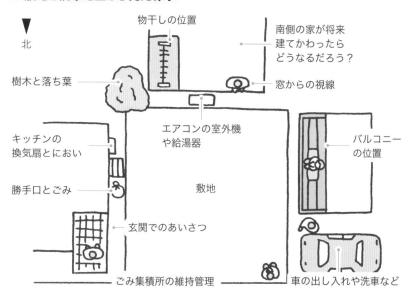

物干しの位置

南側の家が将来
建てかわったら
どうなるだろう？

樹木と落ち葉

窓からの視線

北

キッチンの
換気扇とにおい

エアコンの室外機
や給湯器

バルコニー
の位置

勝手口とごみ

敷地

玄関でのあいさつ

ごみ集積所の維持管理

車の出し入れや洗車など

ある施工業者の狭小地工事での"神"対応

　道路が狭く、工事車両の出入りなどで近隣からクレームがくることを想定した施工業者は、道路前の家の小さな空き地を工事期間だけ駐車場として借りました。クレーム対策になり、建築主にとっても良かったようです。駐車代金を見積に入れておけば費用面でも安心。まさに狭小地の知恵ですね。

Kuruba's Point

1
2
3
4
5
6
7
8

条件の把握

プロの押え処

調査の七つ道具にプラスしたいもの

いつも準備する調査用の道具一式に、距離と高さを測る
レーザー機器も揃えておくと間違いない。

　現場調査用の七つ道具は、各事務所で決まっていることだろう。私の
場合は、①メジャー、②メモ帳とペン、③スマホ（カメラ、ライト）、
④軍手、⑤巻き尺、⑥スラントルール（勾配器）、⑦ドライバー（＋、－）
の７つ。これにレーザー距離計とレーザーレベルがあれば、たいていの
現場で納得のいく現場調査が可能となります。計測機器は昔に比べてず
いぶんと安価になっているので、揃えておくことをオススメします。

▼レーザー距離計

❶ 道路の幅を算出できる

❶交通量の多い道で、建物の壁
から向こう側の建物の壁までの
距離を測り、道路までの各寸法
を差し引く

❷ ブロック塀から
隣家までの壁の
距離を測定できる

❷隣地に入らずに隣家までの距
離を測るときなどに使え、日
照の状況を検討するときにも
役立つ

▼レーザーレベル

敷地の高低差や床の傾きを
測るときに使う

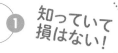

目指せ街場の建築家 ❶ 知っていて損はない!

「パタン・ランゲージ」って知っているかな

「パタン・ランゲージ」とは何か

　建築家クリストファー・アレグザンダーは、空間とそこでの人々の行動イメージを共有できれば、豊かな空間の質を生み出せると考え、住まいや町づくりの質に役立つ253の空間の「パタン」を、簡明な言葉で表現して提案した。これが「パタン・ランゲージ」です。

　「パタン」それぞれに問いかけと解決例で成り立つ。その内容は、あたり前といえばあたり前だが、だからこそこれを住まいにかかわる者が納得し共有できれば、質の良いものがつくられる。当然、建築主によって「解」は違うけどね。

▼一間バルコニー six-foot balcony(#167)

? 問いかけ 「奥行きが6フィート(1.8m)以下のバルコニーやポーチは、使われたためしがない」
※6フィート≒1間

! 解決例 「バルコニー、ポーチ、柱廊、テラスなどは、必ず6フィート(1.8m)以上の奥行をとること。できれば、単純に建物から張り出すのではなく、少なくとも一部が建物にくい込み、部分的に囲われるようにすること」

『パタン・ランゲージ』クリストファー・アレグザンダー(訳：平田翰那)鹿島出版会より引用

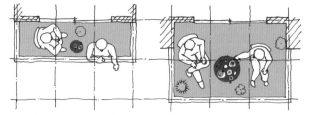

一間のバルコニーなら、豊かな外部の空間として使いこなせそう

こだわりを簡単な言葉で整理する

　私の体験例ですが、住宅依頼の初回の打ち合わせで、付箋紙（ふせん）のたくさんついた雑誌を開きながら目を輝かせて希望を語り始めた建築主がいました。やっと実現する住まいづくりにわくわくしていたのでしょう。重たい雑誌をすべて持ち帰り、事務所に戻って眺めていると、3つの言葉に整理できることに気がつきました。

「生活とつながる中庭」
「夫婦の会話のはずむダイニングキッチン」
「ゆったりできる玄関」

　次の打ち合わせで、この3つの言葉を書いたメモを示しながら話を始めると、「そう、これだ！」と建築主。以降、雑誌が出てくることはありませんでした。イメージを言葉で共有できたのです。

共有しやすい「パタン」がある

　建築主は、雑誌や展示場などの例を頼りに自分の要望をイメージする。でも実際は、雑誌などのイメージに引きずられ、本来の希望から外れてしまっていることも珍しくない。そもそも他人のイメージなのだから、あたり前だね。一方、専門家は自らの洗練させてきたイメージの中で建築主を躍らせようとしてしまいがち。このギャップを「パタン・ランゲージ」という共有語で埋めることが、空間の豊かさの実現につながっていくわけです。

　素敵な空間も、そこでおこなわれることが豊かでなければ意味がない。街場の建築家を目指すなら、一度『パタン・ランゲージ』を読んでみてはいかがでしょう。

 『パタン・ランゲージ―環境設計の手引』
クリストファー・アレグザンダー（訳：平田翰那）鹿島出版会

日本の空間に思いを馳せる

日本の空間を支える感性を知る

日本の建築家は日本の空間について書かれたものを読んで、「日本の感性」をみがいてきたのは間違いない。「クールジャパン」なんて大げさに掲げる前に読んでほしい。

難しい本も多いが、定番を知っていれば、百人力です。

『禅と日本文化』鈴木大拙（訳：北川桃雄）（岩波新書）

日本の文化に大きな影響を及ぼした禅。「詫び、寂び、不均衡」といった感性は、和の空間を説明するのにも役立つ。外国での講演をまとめた本なので「外国人に判らせる意図」もあり、日本文化の概観本のひとつとして参考になるのではと思う。

『陰翳礼讃』谷崎潤一郎（中公文庫）

世界のどこにも、薄暗がりや闇はある。ロウソクだってあっただろう。でも、この本を読んだあとは、それがなぜか日本独自のものと思えてくるからすごい。

明るいだけの住まいで良いのだろうかと、ふと考えてしまうことだろう。

『日本美の再発見』ブルーノ・タウト（訳：篠田英雄）（岩波新書）

桂離宮や伊勢神宮がいかに美しい建築かを日本の建築家に教えてくれた本。

東照宮と対比して伊勢神宮をべた褒めしているのだが、近代建築移行期にあったドイツの建築家にとって、日本のシンプルな空間は近代建築のお手本のように映ったのだろう。

日本の住まいの成り立ちを教えてくれる

　日本の住宅を具体的に考える視点を与えてくれそうな本も紹介しておこう。突き詰めればきりがないが、考えるきっかけになりそう。

『日本の家』中川武（角川ソフィア文庫）

　日本の住空間のしつらえや仕上げの話がたくさん盛り込まれている。読んでいて楽しい本。こういった知識を自分なりに消化できると、良い住空間ができそうだ。

　日本の住空間のネタ本としてもオススメ。

『日本の家』中川 武　ＫＡＤＯＫＡＷＡ／角川ソフィア文庫より

『間取り百年』吉田桂一（彰国社）

　「日本の空間」といった大きなテーマではなく、「身近な生活に直結した住空間」の100年を、図や図面とともに概観させてくれる。

　住宅のプランにかかわっている人なら、気楽に読めるので、読んでおきたい。

『ふすま』向井一太郎・向井周太郎（中公文庫）

　著名な建築家の表具（ふすまなど）を担当した表具師の父と、それを見てきたデザイナーの子息の、ふすまを通して見た日本文化論。建具ひとつにも設計者の思いが現れる。

　後半の対談には著名建築家との仕事の話なども収録されており、興味深い。店頭での入手は困難なので図書館などで探してほしい。

百聞は一見にしかず？

　何年か前ですが、建築系の生徒に「自宅に畳の部屋はありますか」と聞いたら、あるのは30人中5人でした。どおりで床の間の話が伝わらないわけだと反省しました。

　ぜひ、近くにある民家園や茶室などがある施設、和風の旅館などに足を運んでみてください。結構身近に、手ごろな利用料の施設もありますよ。ちなみに東京の代官山にある朝倉邸の場合、観覧料100円です。

地盤は予算と安全の要だね

地盤の支持力を実感できると説得力が増す

建物を支える基礎は、建築基準法で構造上の基準が決まっています。布基礎は 30kN/m² 以上の地盤の許容応力度が必要。ベタ基礎は 20kN/m² 以上あれば OK だが、それ未満となると杭基礎とにしなければいけない。——ちょっと実感がわきませんね。

たとえば、木造 2 階建て住宅の重さ（生活荷重を含む）は 1m² あたり約 10 ～ 12kN（1t ～ 1.2t）。ベタ基礎の場合、地盤は 20kN/m²（2t/m²）以上が条件なので倍近くの地盤で支えていると考えられます。これなら安心だね。

▼住宅の重さ実感（1m² あたり）

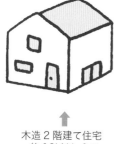 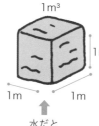 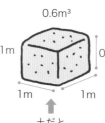 

1m³　　0.6m³

1m　　0.6m

1m　1m　　1m　1m　　35cm　35cm

木造 2 階建て住宅　水だと　　土だと　　お相撲さんなら
約 10kN/m² の　これくらい　これくらい　こんな感じ
重さ　　　　　　　　　　　　　　　　　これで沈んだら対策を

地盤改良は杭だけじゃない!?

柔らかい地盤では補強策が必要となる。木造住宅は比較的軽いので杭より地盤の支持力を上げる地盤改良（表層改良など）が使われます。柱状改良や RESP 工法（鉄パイプ）といった工法は杭状のものを使うので杭と勘違いするが、計算では地盤改良扱いなので、建築主に「杭を使って安心」などと間違っていわないように注意してくださいね。

地盤の強さを予測する

　木造住宅での地盤調査はスウェーデン式サウンディング（SWS）試験が一般的です。そのほかには標準貫入試験（ボーリング調査）、平板載荷試験などがあるが、まずは標準貫入試験のN値を軸に、SWS試験の換算N値や、住宅の基礎選択の基準となる地盤の許容応力度 qa の関係を理解するのが良いでしょう。どれも垂直の重みに対する地盤の強さを示す値で、N値が強さの指標としてよく使われているからです。

　たとえば、付近のボーリングデーターを手に入れ、上記の qa が予測できれば木造住宅の基礎の設計に役立ちます。

　砂系地盤はN値×10、礫系はN値×10×0.5、粘性土系はN値×10×2.5〜5程度が qa だといわれています。ということはN値3程度であれば、地盤補強なしで木造住宅が建てられる可能性が大ということです。あくまでも地盤調査までの予想ですが。

　ちなみに、SNS報告書に qa 値がなくても、報告書の Nsw（1m当半回転数）という数値から、qa 値を計算できます。

　微妙な地盤では必ず構造設計者と相談してから始めましょう。

▼SWS試験報告書記入例

微妙な地盤では構造設計者と必ず相談すること

粘性土系の支持力の式
$qa = 30 + 0.6 \times Nsw$
例）1.50m 深さ、
　　$Nsw = 44$
　　↓
$qa = 30 + 0.6 \times 44$
　　$= 56.4 kN/m^2$
　　↓
布基礎でも可能

スウェーデン式サウンディング試験

調査名	●●の家 新築工事			測点番号	1
調査場所	東京都目黒区●●1丁目234番56（住居表示1-23-45）			調査年月日	20●●年 03 月 20 日
孔口標高	KBM + 0.98m			最終貫入深さ	4.98m
孔内水位	無	天候	曇り	試験者	●● ●●

備　考

荷重 Wsw (kN)	半回転数 (Na)	貫入深さ D (m)	貫入量 L (cm)	1m当りの半回転数 Nsw	音感・感触	貫入状況	土質名	推定柱状図	荷重 Wsw (kN)	貫入量1m当りの半回転数 Nsw	換算N値	許容支持力 qa KN/m
1.00	27	0.25	25	108		打撃5回	盛土/粘性土				8.4	94.8
1.00	24	0.50	25	96			盛土/粘性土				7.8	87.6
1.00	13	0.75	25	52			盛土/粘性土				5.6	61.2
1.00	8	1.00	25	32			盛土/粘性土				4.6	49.2
1.00	10	1.25	25	40			盛土/粘性土				5.0	54.0
1.00	11	1.50	25	44			粘性土				5.2	56.4

もっと深めたい！

省エネの基礎データーを
ゲットする

家庭のエネルギーの消費量を知る

　省エネに対する知識は建築主と共有する時代。住宅の省エネ説明義務も始まり、2025年までには適合義務となるので、省エネ関連の情報を集めておこう。

　家庭のエネルギー消費量のバランスは知っておきたい基本ネタ。「給湯機と冷暖房で家庭消費エネルギーの60%くらい。省エネは断熱と効率の良い給湯器とエアコンが大切ですね」という具合。

▼家庭部門のエネルギー消費量の用途別割合〈2018年度〉

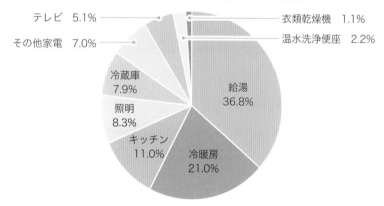

テレビ　5.1%
その他家電　7.0%
冷蔵庫 7.9%
照明 8.3%
キッチン 11.0%
冷暖房 21.0%
給湯 36.8%
衣類乾燥機　1.1%
温水洗浄便座　2.2%

出典：都における最終エネルギー消費及び温室効果ガス排出量総合調査（2018年度速報値）

省エネに必要なデーター「日射量」とは？

　太陽光の計算などに使う「日射量」に関するデーターは、NEDO（新エネルギー・産業技術開発機構）のHPにある「刊行物・資料／データベース」から得られます。また、再生可能エネルギーの白書もありますので、もっと学びたい方はどうぞ探してみてくださいね。

敷地の環境を知る

気象庁の HP にも詳しいデーターはあるけれど、結構扱いにくい。
気温、湿度、風が簡明にまとまっている下のデーターがオススメ。

▼IBEC・自立循環型住宅「省エネルギー効果の推計」より〈東京のデータ〉

時期ごとの地域の卓越風向（風向のこと）からエアコン
の使い始めの6月、使い終わりの9月あたりをチェックして、
エアコンなしの生活提案をするのも良いだろう

ナンドで
お茶を

　又隠という言葉を聞いたことはありますか？　利休の孫、宗旦の代表的なわび茶の茶室です。天井の高さはなんと 1.8m 足らずです。座してお茶をいただくとき、これくらいの高さは妙に落ち着くのでしょうか。

　さて、建築基準法では住宅の居室の天井高さは 2.1 m以上と規定されていて、それ未満だと違法となります。キッチンは居室ですが、トイレや浴室、納戸は滞在時間が限られ、居室とはならず、この法律の対象外です。

　では、由緒ある茶室をまね（写）して、天井を低くした茶室をつくったらどうなるのでしょう？　「茶室の天井高さは低くても良い」といった法文はないので、まねてつくると居室としては使えません。お茶の道具を置く納戸なら大丈夫です。だから、道具を選ぶついでにちょっとお茶を飲むくらいなら良いのかもしれません。

　ああ現代では、優れた茶人の国宝級の部屋をまねた部屋で、ゆっくりお茶をたしなむということは「ナンド」でお茶をたしなむようなものなのでしょうか！

　居室ではない納戸で侘しくお茶をいただくのが究極のわび茶だなんて、誰もいってはくれないでしょうね。

　何とか、国の誇る空間ですから、居室に昇格してあげてください、基準法様。

報酬には
愛で？

　建築主の切なる要望を聞き出すことは難しい。設計の中で発見していくしかありません。要望を超越したところで勝負する凄腕建築家もいるけれど、住宅では建築主の言葉を丁寧に聞き出すことはとくに大切です。

　私は「報酬をいただく間は建築主を愛しなさい」という言葉を念頭に置いて、建築主との打ち合わせを始めます。恋愛ではないのでご安心を。好感をもって建築主に臨むという簡単なことです。こちらが好感をもてば、建築主の緊張も緩み、真意が聞けるようになるものです。

　片づけが不得意？「おおらかでイイな」。掃除が嫌い？「ほとんどの人がそうですよ」。神経質？「いろいろ気づくんですね。うらやましい」。だらだらしていたい？「余裕をもつ時間は大切ね」などと、ポジティブに捉えて設計していると結構アイデアも出てきます。好循環。

　夫婦別々で話すときなどには、相方の愚痴が出ることもありますが、「でも、そこは魅力でもありますよね」と良い印象を伝えると、苦笑しながらもまんざらでもないといった表情に。次の打ち合わせが和やかになること請け合いです。ま、毎回うまくいくとは限りませんが、良いことは多いと思います。完成後も好感の余韻が残るので、維持へのサポートもやりやすくなります。

　で、僕の妻には無償の〇ですけれどね。

Part 3

計画の提案

同じ設計条件でも、提案は打ち合わせを進めるごとにまった
く違うものになるのはあたり前。

実際、住宅では最初の案でそのまま進むことはまずない。家
族全員のさまざまな要望を、建築主自身が調整できていない中
での出発だから仕方がないといえます。

とはいえ、形がなければ何も進まない。それをブラッシュア
ップするプロセスをスムーズに進められるような提案を心がけ
たいですね。形や「もの」の押しつけではなく、建築主のイメ
ージや要望の変化を受け入れるメッセージを提案に盛り込もう。

家族にとって住まいの初めての具体的なイメージなのだから、
十分話し合えるように。

建築士の 具体的イメージが伝わるように提案する

基礎力 01

設計の提案では、抽象的なテーマと具体的な場所での生活イメージをセットで考えながら進めたい。伝え方も大事だね。

抽象的なテーマと具体的イメージとは

　提案がまとまってきたら、どう伝えるか考えよう。私は、①抽象的なテーマ（コンセプト）、②具体的イメージ、③ポイントとなる場所の具体例の３点をセットで説明できるプランになっているかをチェックしています。建築主が生活イメージと抽象的なテーマをつなげて、さらに膨らませてくれれば基本設計も進めやすくなるからです。

▼ 提案を伝える

たとえば、吹き抜けを提案したい場合、こんな伝え方ができる

朝は食事の確認ができるし、夜は子ども部屋の
様子も伝わるから安心です。
　⬆〈③具体例〉

家族の視線がほど良く保たれることで
ほど良いつながりが生まれます。
　⬆〈②具体的イメージ〉

そんな「快適な家」にしたいですね。
　⬆〈①抽象的なテーマ〉

でも、こんな感じで提案してダメだったこともあります。
ただ、そのときもこれをきっかけに
「家族の視線」の話がたくさんできて、別のアイデアが
実現したので……めでたし、めでたし、でしたけどね

建築士の基礎力 02 生活を語る図面から始める

信頼を得るため、生活をともに考えられるような図面をつくりたい。いくつかのポイントを押さえて提案できるようにしておこう。

ブラッシュアップの予感

　住宅設計において、「デザイン（見栄え）」は大事な要素です。でも、デザインについては、最初の打ち合わせで渡した事務所の資料などである程度は伝わっているものです。デザインの説明に時間をかけるよりも、まず生活のことを考えてより深い提案をしてくれる設計者であると、建築主に判断してもらうことのほうが大切です。

　そこで私は、生活をいくつかのポイントに分け、部屋やコーナーそれぞれに具体的な修飾語をつけて、それを話のきっかけとなるよう図面に落とし込んで提案しています。

▼生活提案の例

②家事の提案
「みんなでキッチン」

1階

⑤ひとりの空間の提案
「ママのハンドメイドコーナー」

2階

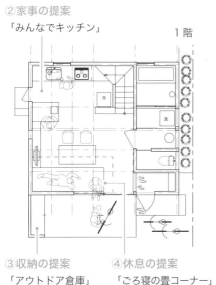

③収納の提案
「アウトドア倉庫」

④休息の提案
「ごろ寝の畳コーナー」

①家族のコミュニケーションの提案
「つながる吹き抜け」

建築士の基礎力 03 概算は基本設計の指針となる

予算配分のバランスが良い設計は満足度が高くなる。そのガイドラインとなるような概算をつくりたい。

ベストではなくベターを選ぶ

　設計提案に添付する概算は、予算配分の目安となります。床面積や仕上げのグレード、別途工事、外構の範囲などにより、金額が増減することを理解してもらい、バランスの良い設計をともに目指すことを建築主にきちんと話そう。

　建築主は、希望が魔法のように実現すると夢見がちですが、現実と向き合いベターな選択をすることが、トラブルのない設計となります。

▼ 概算書の作成例

事務所の実績による標準仕様の金額			

○○邸 概算		20●●年5月
本体	標準仕様工事費	約○○万円
	解体費	約○○万円
必要項目	設計監理料	約○○万円
	確認申請検査料	約○○万円
状況による必要項目	測量費	約○○万円
	地盤調査費	約○○万円
	水道加入費など	約○○万円
	地盤補強費	約○○万円
増減要素	面積	
	性能レベル	
	仕上げレベル	
	キッチンレベル	
	浴室レベル	
	設備レベル	
	造作家具の量とレベル	
未定工事	塀・外構	
	植栽	

※現時点での概算的な予想です

- 事務所の実績による標準仕様の金額
- 申請費は建築主支払いが基本
- 経験上、実績のあるものは、大枠の金額を入れておくと良い
- ここが一番大事。キッチンのグレードや家具の量で、予算が変わることを伝えておく
- 外構は意外と金額がかかることを伝える

建築士の基礎力 04 スケジュールは契約日からのスタート

完成までの基本的なスケジュールを渡し、契約がスタートすることを実感してもらおう。日程に影響を及ぼす要素を伝えておくことも忘れずに。

契約から完成までのスケジュールを提示

　依頼がまだ決まっていない場合には、提案時の次の打ち合わせを契約スタートとした具体的なスケジュールを渡します。建築主の日程にあわせ調整して「基本的なスケジュール」（→ P.22）を修正すれば良い。

　そのうえで、日程に影響をあたえる要素を話しておこう。とくに基本設計段階（STEP1）と見積調整などの段階（STEP3）は、予定どおりに進まないことも多い。建築主には「良い住宅をつくるためには、急がないほうが良いこともある」ということをポジティブに伝えよう。

　また、次回、設計監理の委託契約をするためには、委託契約書のひな形を提案の打ち合わせの際、渡しておくこと。これが一番大事かな。

▼提案時のスケジュールで説明すること

設計監理契約

STEP1
基本設計
標準は3か月くらい
→ この段階で納得いくまで計画を詰めておくと、このあとのスケジュールがスムーズに進む

STEP2
実施設計
標準は2か月くらい
→ この段階の終了前に大きな変更があるとスケジュールが狂うので、初期段階で主な希望は出しきっておこう

STEP3
見積調整など
標準は2か月くらい
→ 厳しい予算のときや、建材の高騰の時期の場合、調整に時間がかかることもあるが、ともに乗りきる姿勢を伝える

工事契約
STEP4
工事監理
標準は5か月くらい
→ 施工業者の事情や地鎮祭、仕上げなどの決定の遅れで工期が延びることもある。ともに協力して進めること

完成引渡し

計画の提案

建築士の基礎力 05
省エネ性能の説明は早めにおこなう

一般的な住宅の設計でも「省エネ性能の説明」は義務化されている。建築主には、設計の初期段階で大枠の方針説明をおこなっておこう。

省エネ説明は段階に合わせて進める

　建築士は、一般的な住宅を設計する際、建築主に対し「省エネ基準の適合」などについて書面を渡して説明しなければいけません（2025年までに一般的な住宅も省エネ基準の適合義務化予定）。「不適合でも省エネ性能確保の措置（断熱性能、日射遮蔽性能、一次エネルギー消費性能を高める措置とその予算）が必要ですよ」といった助言を加えなくてはなりません。説明する段階は状況などによって判断します。

　実施設計の段階であれば、計算（標準計算ルート）ができるだけの材料が揃っているので、それを含めて説明するべきですが、提案時や基本設計の初期段階では、「住宅省エネとは何か」といった情報の提供から始めて、建築主の意思を確認するまで進められれば十分でしょう。

▼説明で使用する主な書面の例

①情報提供

②意思確認書面

③省エネ基準の適合性

②や③の書面は写しを保存しておこう。
また、設計変更後に省エネ不適合となる場合は
改めて説明をおこなおう

省エネの計算方法は大きく4つ

　省エネ性能の評価方法は4つあります。計算方法によって結果が多少違ってきます。たとえば、計画の提案の段階では詳細がまだ決まっていないので、「仕様ルート」や「モデル住宅法」でおこない、大まかな省エネの方針を伝えます。省エネ基準が適合義務となっても、計画初期の打ち合わせには役立つでしょう。

▼省エネの計算方法

計　算:おおまか
作業量:小

仕様ルート
断熱などの仕様を決めて大枠の省エネレベルを判断する

基本的には計算しない。仕様基準からどの程度の省エネ工事にするかを確認する

モデル住宅法
モデル住宅の仕様や固定値で簡単な計算をして判断する

モデル住宅と同様のものを目指すことを前提として進めることを伝える

簡易計算ルート
断熱材などの性能をパソコンなどで計算して判断する

計算は、WEB版の計算プログラムを利用し、画面の指示に従って入力するだけ!

標準計算ルート
簡易計算ルートに外皮面積も加えてパソコンなどで計算して判断する

計　算:精密
作業量:大

> **使える資料**
> 国立研究開発法人建築研究所 特設ページ「技術情報・省エネ基準」
> 建築物のエネルギー消費に関する技術情報 4・1「住宅に関する省エネルギー基準に準拠したプログラム」https://house.lowenergy.jp/

建築士の基礎力 06 模型は白で簡単なものが良い

模型は色のない簡単な模型が良い。そのほうが建築主にとってイメージ
を膨らませる余地があり、話も広がる。

▼〈例〉S＝1/50の模型をつくる

> 準備するもの　スチレンボード (SB) 1、2、
> 3、5mm、ケント紙、色紙、スプレーのり、
> スチロール用のり、カッター、鋼尺、エタ
> ノール、虫ピン など

① 敷地をつくる

木製パネルや段ボールなどの上に敷地
と道路の色紙をカットし接着する。白
い模型や緑が映える色紙を選ぶ。敷地
らしいやわらかな色遣いを心がけよう。

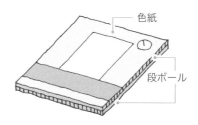

色紙

段ボール

② 平面図で各階床をつくる

各階平面図をコピーして、5mm の SB
に接着。壁外側でカット。
玄関土間は下げておく。平面図の家具
などは消さなくて良い。

　薄い色調の色紙を使うと、部屋が
ほど良くくっきりするのでオススメ

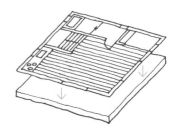

③ 外壁をつくる

立面をコピーし、3mm の SB に接着。
外形、窓をカットする。
1 階が覗けるように 2 階床下で分離さ
せる。1 階床下部分も基礎部を分離。

　立面の紙は剥がすので　スプ
レーのりは軽めにし、SBに残った
のりはエタノールで落としておく

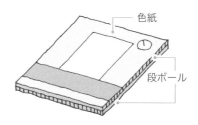

SB

窓をカットする

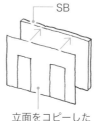

立面をコピーした
紙を貼りつける

最後に紙を剥がす

外壁面の1、2階分離、
玄関の段差処理の例

玄関段差の処理は正確
でなくてもかまわない

コーナー処理の例

紙だけを残す

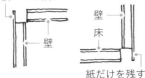

壁

壁
床

紙だけを残す

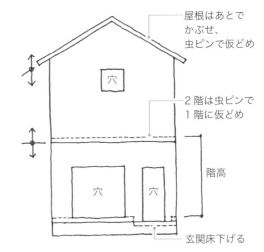

屋根はあとで
かぶせ、
虫ピンで仮どめ

穴

2階は虫ピンで
1階に仮どめ

階高

穴   穴

玄関床下げる

④ 屋根をつくる

屋根らしい模様をコピーした色紙をSBに
接着して2階にかぶせる。取り外せるよ
うに虫ピンでとめる。

⑤ 内壁をつくる

2mmのSBを外壁上面に合わせて切断し、
各間仕切り長さ、開口部を平面図に合わせ
てカットする。外壁と間仕切りを調整しな
がらスチロール用のりで接着。覗くために
外したい外壁や間仕切りは虫ピンでとめる。

内壁のコーナー処理はしなくてOK。
上から覗くので気にならないよ

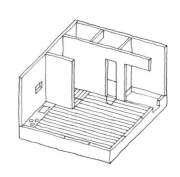

⑥ 階段、キッチン、収納などをつくる

ケント紙

階段はケント紙か
2mmのSBで。少々
粗くても気にならない！

2mm×2

SB

キッチンやカウンターは
平面図のコピーを1mmの
SBに貼りつけて制作

コピー

SB

子どもが触って壊れても気にならない程度の精度で
つくれば良い。仮どめの虫ピンは意外と危ないので
注意しよう。小物や植栽はあとで詳しく説明するよ（➡P.84）

プロの押え処

平面図に生活シーンを書き込む

平面図には、部屋名以外に、生活の具体的シーンを記入
しよう。引き出し線などを使うと良いよ。

　残念ですが、平面図で説明した内容は、思っているほど建築主には伝
わっていないもの。そこで、建築主との打ち合わせのときには、平面図
に具体的な生活シーンを書き込んでおくと良いでしょう。自宅に持ち帰
って、家族で相談するときにも、アレコレ話しやすくなるからね。

　私は、家族で話して気づいたことがあれば、図面に気軽に赤いペンで
メモしてもらうようにしています。真っ赤に書き込まれた図面が送られ
てきたときもあり、かなりドキッとしましたが、不満ではなく、さまざ
まな思いが書かれていたので、設計をするうえでとても役立ちました。

▼生活シーンを埋め込んだ図面と建築主のメモ書き

※色文字が建築主の気づいたこと

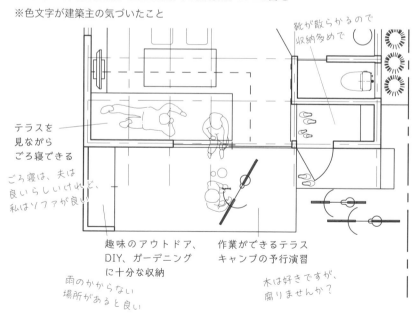

靴が散らかるので
収納多めで

テラスを
見ながら
ごろ寝できる

ごろ寝は、夫は
良いらしいけれど、
私はソファが良い

趣味のアウトドア、
DIY、ガーデニング
に十分な収納

雨のかからない
場所があると良い

作業ができるテラス
キャンプの予行演習

木は好きですが、
腐りませんか？

プロの押え処

模型は説明してから披露する

がんばってつくった模型は打ち合わせの場を盛り上げる
ツール。ちょっともったいぶって見せるのがコツ。

　模型を使っての打ち合わせの際、すぐに模型を見せてはいけません。先に見せると建築主の気持ちが模型のほうに向いてしまい、設計意図を聞いてもらえなくなってしまうからね。建築主の心をつかむものだけに、タイミング良く使いたい。

　図面で計画の要点を簡潔に説明したあとで、おいしいケーキの箱を開けるように、模型の箱を丁寧に開けたい。そして、模型を見ながら、提案の細かい部分を一緒に確認していこう。もっとも盛り上がるひととき。

▼模型を見ながら再確認

吹き抜けで家族が
つながるんだって
どんな感じだろう？

キッチンから
庭やテレビが
見えるってどんな
つくりだろう？

さ、お待たせ
しました
模型ですよ

良太くんの
おうちだよ
中を覗いてみる？

わっ！
おもちゃのおうち！
誰のおうち？

プロの押え処

模型小物で印象が変わる

模型は小物でイメージが膨らむもの。雰囲気の伝わる模型のためにも、工夫と遊び心でいろいろつくってみよう。

　模型の小物は、十分に用意したい。小物によって、スケール感や生活感をより実感できるからです。あまり凝ったものは必要ないが、さまざまな工夫をしている例はたくさんあるので、良いと思ったら即取り入れよう。

　手の空いたときにつくり置きしておくと良いね。ここで挙げている例は、私が普段つくる模型小物のほんの一例です。

▼つくり置きしておくと便利な模型小物

椅子と机
S=1/50 なら 1mm の
SB（スチレンボード）で
制作

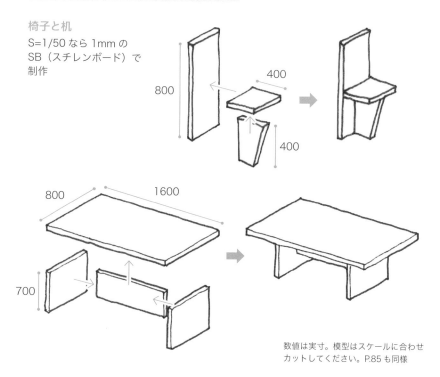

数値は実寸。模型はスケールに合わせカットしてください。P.85 も同様

緑（木や植栽など）は必需品
モノクロの模型には緑があると良い

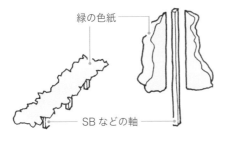

緑の色紙

SB などの軸

色紙で人形もつくれる
大人に加えて子どもやペットの人形
もつくっておくと便利

色紙

自転車やバイク
コピー + ケント紙でつくる
ことができる

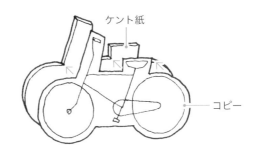

ケント紙

コピー

車は大きさを確かめてから
車型の 1mm の SB2 枚をケント紙で覆うと簡単。ケント紙だけでつくっても良い

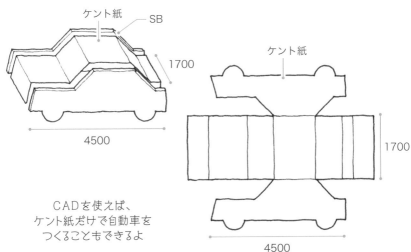

ケント紙　　SB

1700

4500

ケント紙

1700

4500

CADを使えば、
ケント紙だけで自動車を
つくることもできるよ

プロの押え処

模型の補強となる手描きパース

着彩のないゆるいパースが結構役に立つ。描くのに時間はかからないので普段から手と目を慣らしておこう。

空間の説明は模型だけでは伝わりにくい部分も多いので、手描きのパースでイメージを補強したい。手描きパースは簡単なもので十分。日ごろから、単純な正方形の部屋（8帖）のパースを描く練習をしておくと、簡単なものであれば時間をかけずに描けるようになるものです。

また、複雑な空間のパースが必要であれば、CADソフトのワイヤーフレーム（形だけ）を使えば適切な角度の下描きがつくれます。臨機応変に利用してほしい。

▼手描きパースの基本

□ 線の表現は意識的に

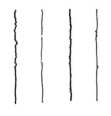

太さが選べる安価な
水性ペンで良い

□ 8帖の一点透視で鍛える

8帖の床が正方形に
感じる目を養おう

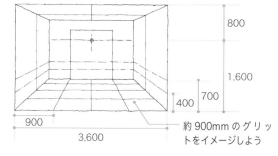

800

1,600

400 700

900

3,600

約900mmのグリットをイメージしよう

□ 正方形や円の台は
正方形や円らしく描く練習

正方形の台は正方形らしく円の台は円らしく。
机や棚などの家具をたくさん描いてみよう。目がだんだん慣れてくる

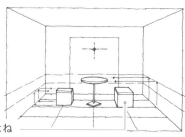

右は正方形に感じないよね

□ 人物は目の高さを合わせる

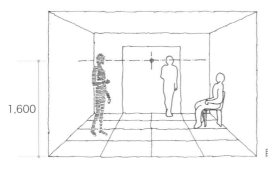

1,600

自分なりの人型をつくっておこう

□ 45度配置も描いてみたい

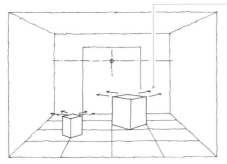

2点透視の焦点をざっくり
と決めて描くのがコツ

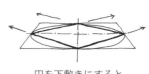

円を下敷きにすると
イメージしやすい

□ パースをいろいろな角度、シチュエーションで描いてみる

こんな感じで、棚やテーブル前の様子を伝えられる

植栽をいくつか

プロの押え処

提案時の省エネ話の準備をしておく

数値が命の省エネ話は面倒だけれど、実感ネタで信頼を得よう。単位を理解し、苦手意識もなくしておきたい。

▼cal（カロリー）とJ（ジュール）

省エネを考えるうえでの基本となる熱エネルギーの単位。

1cal = 4.184J つまり 1kcal = 4,184J

1kcal は、水 1L を 1℃上げるのに必要なエネルギー量

1L の水

1℃温度を上げるために 1kcal が必要

浴槽の 200L の水

10℃から 40℃まで 30℃温度を上げるために 200L×30℃= 6,000kcal が必要

風呂をわかすにはどれくらいの熱エネルギーが必要か？
実際は熱効率があるので、6,000kcal にロス分の熱エネルギーが必要になる

▼W（ワット）

弁当をレンジでチンといえば、この単位。

1W×1 秒= 1J = 0.24cal

1J = 0.24cal の熱エネルギーを得るには 1W の電力を 1 秒出力（消費）するということ。

〔W〕に時間をかけると電力量だね。

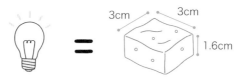

60W の白熱電球

この白熱電球が 1 秒光るために使うエネルギーは 0.24cal×60W = 14.4cal

3cm 3cm 1.6cm

つまり、3cm×3cm×1.6cm の水の温度を 1℃上げるエネルギーと同じ
※ 1ml = 1cm³

▼K（ケルビン）

あまり日常では使わないが、難しくはない。温度の〔℃〕と目盛り間隔は同じ。ただ、起点（ゼロ）が違うだけ。

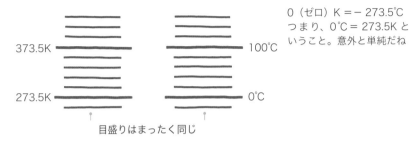

0（ゼロ）K ＝ － 273.5℃
つまり、0℃ ＝ 273.5K と
いうこと。意外と単純だね

373.5K

273.5K

100℃

0℃

目盛りはまったく同じ

▼Pa（パスカル）とmmHg（ミリ水銀柱）

どちらも空気や水蒸気の圧力単位。結露に関係する計算で使う単位なので知っていると良い。

100 Pa ＝ 1hPa ≒ 0.75mmHg

ちなみに〔hPa：ヘクトパスカル〕の〔h〕は 100 倍のこと。

640hPa ←

富士山頂は、海抜 0m の場所よりもかかる空気が少なく圧力も弱まるので、気圧も弱くなるよ

1,000hPa

ややこしいけれど、日常的に身体にかかっている気圧は
1 気圧＝ 760mmHg ＝ 1,013.25hPa
であることと、結露を予測する透湿抵抗（➡ P.94）に使われる単位であることを知っていれば良い

コンビニ弁当を温めるのにいくらかかる？

500W の電子レンジで 3 分間温める弁当の場合……
500W×3 分（3/60h）＝ 0.025kWh
現状の電気代はおおよそ 1kWh ＝ 20 円
ということは温めるのには 0.5 円！
火を発見したころに比べると破格な値段で温かいものが食べられる時代です！

Kuruba's Point

断熱話で知っておくべきこと

住宅の断熱は U_A 値を知ることが第一だけれど、それには U 値や熱伝導も知っておかないといけない。

　省エネといえば、まず断熱。そして断熱といえば、U_A値（外皮平均熱貫流率）です。U_A値は、建物の断熱性能を表す数値で、窓や外壁などの外皮（基礎も含む）の U 値（熱貫流率）と面積から建物全体の熱の損失を出し、外皮の面積で割ることによって算出できます。

　U 値〔W/m²・K〕とは、複数の建材でできた壁などの熱の伝わりやすさのことで、各建材の熱の伝わりにくさから算出します。なので、U 値が小さいほど熱を伝えにくい、つまり断熱性能が高い建材といえます。

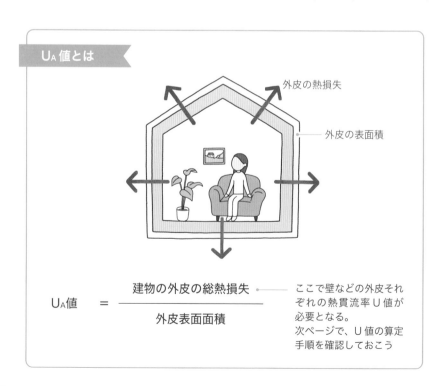

UA 値とは

外皮の熱損失

外皮の表面積

$$U_A 値 = \frac{建物の外皮の総熱損失}{外皮表面面積}$$

ここで壁などの外皮それぞれの熱貫流率 U 値が必要となる。
次ページで、U 値の算定手順を確認しておこう

▼U値の算定例

① 熱抵抗値（建材の熱の伝わりにくさ）を出す

建材の熱伝導率〔λ：ラムダ〕をその厚さ〔d〕で割った数値〔λ/d〕の逆数〔d/λ〕が、その建材の熱の伝わりにくさ、すなわち熱抵抗値 m²k/w となる。

※計算では外壁通気層を外部と考える

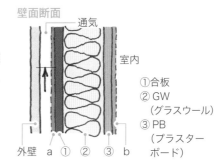

壁面断面

通気

室内

① 合板
② GW（グラスウール）
③ PB（プラスターボード）

外壁　a　①　②　③　b

	建材名	厚さ(d)	熱伝導率(λ)	熱抵抗値
①	合板	9mm	0.160	(d/λ)=0.009/0.160=0.056
②	GW	90t	0.038	(d/λ)=0.090/0.038=2.368
③	PB	12.5t	0.220	(d/λ)=0.0125/0.220=0.057

上図中の a、b は熱伝達抵抗と呼び、空気と素材の接点に生じる薄い膜の熱抵抗で、省エネの計算では「a、b それぞれ 0.11」として計算する。

② 壁の熱貫流抵抗を出す

各建材の熱抵抗値を加算することで、複数の建材で構成されている壁の熱の伝わりにくさ（＝熱貫流抵抗）を算出する。

この壁の熱貫流抵抗は、各建材の熱抵抗値の合計（①＋②＋③）に、熱伝達抵抗（a、b それぞれ 0.11）を加算したもの。
0.11 + 0.056 + 2.368 + 0.057 + 0.11=2.701m²k/w

③ 熱貫流率 U 値を出す

この壁の熱貫流抵抗（上記②）の逆数が熱貫流率 U 値となる。
U 値 =1/2.701=0.370（W/m²・K）

東京など温暖地ではUₐ値の省エネ基準は0.86ですが、0.4あたりが高断熱と判断する数値と考えて良いでしょう

計画の提案

091

プロの押え処

省エネ説明義務のためのキーワード

断熱関係以外で省エネ説明義務に必須のキーワードは3
つある。提案段階でもこれだけは外せない。

日射熱取得率（日射侵入率）〔η（イータ）〕

　日射熱取得率は入射した日射量に対し、室内に入ってくる日射量の率
を表したもの。窓ガラスの違いで、省エネ具合が変わることを伝えます。

　η値＝1.0は、入射した日射がそのまま室内に入ってくる開放状態
時の値で、Low-E複層ガラスでは、入射した日射が室内に入ってくる
率がかなり低くなる。

　窓の外部ルーバーは日射遮断率0.2くらいになるので、省エネの提案
のひとつとしてとても有効です。

▼単板ガラスとLow-E複層ガラスの日射熱取得率の違い

Low-E複層ガラスの日射取得係数
Low-Eの金属膜の位置でかわる

Low-E膜 　　　　　　　　Low-E膜

η =0.88　　　　　　η =0.4　　　　　　η =0.64

単板ガラス　　　　　遮熱タイプ　　　　　断熱タイプ

日射取得係数（μ）は住宅全体に侵入する日射量を
面積で割った数値のこと。
日射熱取得率と間違わないようにね！

一次エネルギーの段階から考える

　エネルギーの大部分は、自然界から得られるエネルギー資源（石油・石炭・太陽光などの一次エネルギー）を加工し、使いやすくした二次エネルギー（電気・都市ガスなど）として流通しています。環境負荷を考えるときは、一次エネルギー段階で比べるのが合理的。比較には建築物省エネ法の BEI という値が使われます。一次エネルギー消費量抑制のため、冷暖房設備などは高効率の機器を使うほうが良いことを伝えよう。

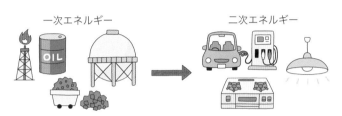

一次エネルギー　　　　　　　　　　二次エネルギー

設備機器の効率

　住宅用設備機器の効率が良くなれば一次エネルギーの消費もおさえられます。とくにエアコンの効率は知っておきたい。エアコンの効率指標には COP（平均エネルギー消費効率）と APF（通年エネルギー消費効率）があるが、どちらも数値が高いほうが効率が良いことを示します。エアコンの能力比較や選択に役立つほか、省エネ基準となる「一次エネルギーの消費効率」の区分にも使われています。

　APF は、現在のカタログにはほとんど載っています。COP は載っていなくても、掲載されている定格能力と消費電力から簡単に算出できます。どちらを使うかはケースバイケースです。

▼カタログの表示項目例

```
COP ＝能力 / 消費電力
```

定格の冷房の COP ＝ 2200（W）/425（W）＝ 5.17

最大消費効率を出すとエアコンの
実際の能力比較に役立つね
冷房時最大能力　　　3.3kW
冷房時最大消費電力　960W
COP ＝ 3300（W）/960（W）＝ 3.438

```
APF ＝ 6.7
```

暖房時 / 冷房時		おもに **6**畳程度

C22 ●●●

	畳数の目安	能力（kW）	消費電力(W)
暖房	**6〜7**畳 (9〜11㎡)	**2.5** (0.6〜6.2)	**450** (110〜1,880)
冷房	**6〜9**畳 (10〜15㎡)	**2.2** (0.5〜3.3)	**425** (115〜960)

(JIS C 9612:2013)　　　　　　　(JIS C 9612:2005)

消費電力量 期間合計(年間) **630kWh**	目標年度 2010年	省エネ基準 達成率 **115%**	通年エネルギ 一消費効率 **6.7**

寸法規定　低温暖房能力※ 4.5kW

※ 1kW ＝ 1000W

プロの押え処

日本の住宅の省エネの弱点

日本の住宅の多くは気密と結露に弱い。これに関する 2
つの用語を省エネ関連用語として理解しておこう。

C値：相当隙間面積〔cm²/m²〕

C値とは、住宅の床面積 1m² あたりの壁・床・屋根の隙間面積（cm²）
を示す値で、その住宅の気密性を表しています。たとえば、床延面積
100m² の住宅でC値 1.5 の場合、隙間面積の合計は 150cm² となり、
はがき 1 枚程度の大きさになります。平成半ばごろは 2.0 で高気密と
されてきたが、最近は省エネの観点からも、その半分の 1.0 くらいでな
いと高気密とはいわれなくなっています。

実際はC値だけではなく換気システムや地域特性、生活スタイルと
合わせて考えていくことが大切だね。

透湿抵抗〔（m²・s・Pa）/ng〕

透湿抵抗（透湿抵抗比 × 厚さ）とは、建材の湿気（水蒸気）の透過
のしにくさを示す数値のこと。単位は〔（m²・s・Pa）/ng〕か〔（m²・
h・mmHg）/g〕で表示されることが多い。結露を予防するための建材
選びや、その組み合わせを考えるうえで役立ちます。覚えておこう。

▼建材の透湿抵抗の例

入らない
水蒸気

水蒸気の
通りにくさ
＝透湿抵抗

建材

入る
水蒸気

圧力によって
透湿も違う

建材名	透湿抵抗 〔（m²・s・Pa）/ng〕
透湿防水シート	0.0002
石膏ボード 12.5t	0.0003
合板 12t	0.011
コンクリート 100t	0.034
防湿フィルム A 種	0.082

湿度を
通しやすい

通しにくい

知っておきたい単位換算

（m²・s・Pa）/ng×2090 =（m²・h・mmHg）/g
（m²・s・Pa）/ng =（m²・s・Pa）/kg×10^{12}

プロの押え処

安全の話には欠かせない基準法

1981年の新耐震と2000年の基準法改正を軸に、基準法の木構造基準の変化を知っておくと良い。

▼基準法から知る木造建築物の変遷

1950（昭和25）年	●基準法と建築士法　成立	
1959（昭和34）年	●防火と壁量の改正 ●防火規定	
1971（昭和46）年	●木造のコンクリート基礎 ●風圧規定	今はコンクリート基礎が基本
1978（昭和53）年	宮城県沖地震	
1981（昭和56）年	●新耐震 ● 1981/6/1 申請物が適用 ●鉄筋入り基礎・壁量見直し	それまでは木造無筋基礎も多かったね
1987（昭和62）年	木造3階建ての普及へ	木造の防火性の仕様ができて木造3階建てが可能になった
1995（平成7）年	阪神淡路大震災	
2000（平成12）年	●地耐力と基礎金物 ●ホールダウン採用 ●シックハウス（2003） ※性能表示制度	木造基礎の地盤規定ができた 新耐震から19年。やっと金物の細かな規定ができた
2007（平成19）年	●建築士資格・検査機関 　見直し	耐震偽装事件で申請関連を見直し
2011（平成23）年	東日本大震災	
2020（令和2）年	●木造と既存建築物利用の 　法整備	木材の利用 木造中高層推進 中古住宅利用の政策

プロの押え処

日照を実感してもらおう

住まいにそそぐ日照の様子がわかれば、提案の納得度が
アップするよ。挑戦してみよう。

　日照で生活の実感をアップさせよう。南側の窓位置や吹き抜けの大き
さ、テラスの配置、物干し位置などの打ち合わせに役立つよ。日照を扱
えるソフトを利用すれば簡単で、私は「スケッチアップ」を使っていま
す。

　大事なのはつくりすぎず、日照がわかる程度で十分だということ。

▼吹き抜けのある居間の日照検討例

① 敷地と建物の壁芯の1階配置と隣
家の建物配置を描き、1階2階の
床をつくる。（2階は一部省略）
「モデル設定」で敷地の位置を記
入（例では、手動で東京に）。緑軸
が真北となる。

② 壁芯に置いた面だけの壁で簡単に
仕上げていく。1階居間に吹き抜
けがある。
開口部は穴を開けるだけ。このソフ
トでは面どうしの接線は線が出
るが、気にしない。

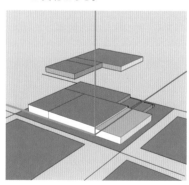

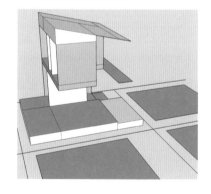

③ 建物の形ができたら北の方向を調整する。
この例では、敷地は真北（緑軸）と平行。
実際は、敷地の真北角度線を座標（敷地
綿）に描いておいて、あとでそれに合わ
せて建物敷地を回転させれば良い。

④ 隣家を簡単な立体にする。

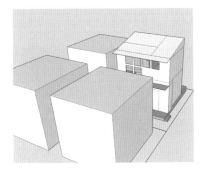

⑤ 影のトレイを表示する。日本時間
（UTC+09:00）になっているか
確認し、日時などを動かす。

⑥ 日時を変えて比較プレゼンテーションする。

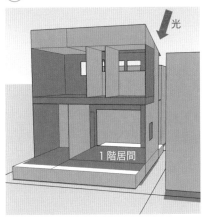

夏至12時
庇が効いて1階居間には光を落とさない

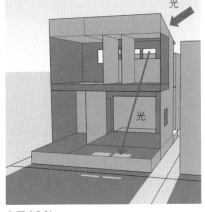

冬至12時
吹き抜けの上部窓の光が部屋の奥に

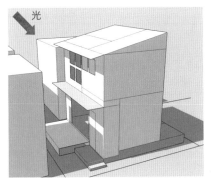

10月ごろ
外部の影の様子

目指せ街場の建築家 ❶ 知っていて損はない!

椅子は小物とはいえ
住まいのデザイン方向を示す

４つの生活シチュエーションで選ぶ

　建築主が部屋に合った「良い椅子」を選んでくれると設計者としてはうれしいもの。そのためにも、設計の提案段階から図面やCGに具体的な椅子を描き込んでおこう。使い勝手やデザインについて、設計者としての椅子選びのガイドラインを話せるようにしておくと良い。パースを見ながら「こんな椅子が良いですよ、きっと」という具合にね。

　ここでは、４つのシチュエーションでバランスのいい椅子を挙げておきます。あくまでも選択のガイドラインとして提示して、強制はしないこと。

▼**ダイニング系**　軽く動かしやすく主張しすぎないくらいが良い

ヤコブセン	松村勝男	アルヴァ・アアルト
セブンチェア	**ダイニングチェア**	**キッチン K65**

軽くて移動させやすく、フィット感もとても良い。どんなデザインにも合うが、少し広めのダイニングに

程よい安定感とシンプルなラインが特徴。扱いやすい重さも良い

主張しすぎない、ソフトな感じがダイニングに最適。ハイチェア、子ども用、スツールもある

▼書斎系　長く座るから、何といってもフィット感が大事

ウェグナー
Yチェア

一脚だけと
いわれればこれ。
どこにもどんなデザインにも
合う。フィット感も良い

イームズ夫妻
シェルチェア

モダンな部屋に
抜群に合うが、
木目の部屋との相性も
意外と良い

▼リラックス系　軽く眠れるほどの、適度な深さとアームの形・素材が決め手

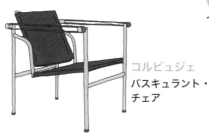

コルビュジェ
**バスキュラント・
チェア**

アームの革が落ち着く。
シンプルな居間に

松村勝男
イージーチェア

シンプルでどのような居間にも合い、
移動もしやすい。名作だと思う

▼スツール系　部屋の片隅にあっても主張しすぎず、センスの良いものを

柳宗理
**バタフライ
スツール**

シンプルなつくりと優雅な
ラインが軽やか

剣持勇
**スタッキング
スツール**

スタッキングできる機能性
と納得の美しさ

目指せ街場の建築家 ❷ 知っていて損はない！

食と寝の知識で
より豊かな提案を

食と台所を実践も加えて理解する

　キッチンやダイニングは家族の食生活をイメージして、丁寧な提案をしたいものです。そのためにも、打ち合わせの中で建築主との共感が生まれるくらいの知識はほしい。

　いろいろな本がありますが、本の知識も、すぎたるはなおおよばざるがごとし。知識ばかりで頭でっかちになってしまうよりも、料理を楽しく実践してみるのが一番。パンでも焼いてみるのも建築家のスキルアップとして良いかもね。

『食事の文明論』石毛直道（中公文庫）

　1982年に新書で最初に出版されたときから評判が良く、文庫になるくらいだから、読んで損はない。

　食の全体像をつかむための一冊。「食事が家族を支える」。

　つまり、私がいう「住まいは食」とは、この本からの受け売り。

『台所の一万年―食べる営みの歴史と未来』
山口昌伴（農山漁村文化協会）

　台所の設計・デザインの本や食についての本は数あれど、それらをつなぐ本は少ない。この本はそれにうってつけの本。食べる営みのシステム（著者のいう「食べ事」）の中での台所のあり方を考えさせてくれる。

　読み終わると最新鋭のシステムキッチンを置いて、ハイ、キッチンの完成！なんていっていられないと感じるだろう。台所の設計が楽しくなる。

『料理王国』北大路魯山人（ちくま文庫）　食といえば魯山人！の入門書。
『もの食う人々』辺見庸（角川文庫）　食を根本から考えてみるのに良い本。

食にこだわる建築主からの依頼を受けるなら、
これらも一度は読んでおこうね。きっと役立つよ

眠る時間を設計するための本

　人生の1/3の時間をすごす寝室の設計は、これからますます注目
されるに違いありません。睡眠や寝室に関する本は、ぜひ読んでおき
たいですね。

　無意識と意識の境界にある睡眠は奥の深い話なので、入り込みすぎ
ると設計から離れてしまいそうだから、寝室設計の話の糸口になる程
度の雑学で良いと思う。むしろ雑学が打ち合わせでは大事になるね。

『睡眠のはなし　快眠のためのヒント』内山真（中公新書）
　寝室設計のためには、睡眠のことは概要でも良いから知っ
ておきたい。
　打ち合わせで、建築主と睡眠話でちょっと盛り上がってか
ら、本丸の寝室の条件などを聞きたい。

『ベッドの文化史』ローレンス ライト（八坂書房）
　夫婦別寝室は、日本の特殊事情のようにいわれるが、古代
ローマの貴族もそうだったらしい。こんなエピソードをいろ
いろ知ることができる。
　建築家は椅子の話は得意だが、ベッドの話には弱い。ベッ
ドの雑学を得るのにも良いかも。

『寝所と寝具』小川光暘（雄山閣アーカイブス）
上記の『ベッドの文化史』の日本版のようなもの。枕や布団の歴史の概要がわ
かります。

建築主としっかり話して「食」や「寝」への思いを引き出し、
ベターな提案に役立てよう！　打ち合わせも楽しくなるかもね

ローコストと
ロープライス

　住宅完成後 1 年ほどして、建築主からお怒りのメールが来ました。「設計していただいた家、満足しています。でも、友人から、私たちの家を HP で発見して、ローコストと書かれているけれど、素敵なおうちなのに良いの？と連絡を受けました。どういうことですか？　困ります」

　建築仲間ではコストをおさえた良い家は、設計者の能力の証として自慢のネタです。しかし建築主にとっては、奮発して建築士にお願いした住宅。それをローコストなんて書かれてしまっては、たまったものではありません。

　「削除します。『ローコスト』は、良いものでもコストをおさえたという意図です。ただ単純に値段が安いという意味を表す『ロープライス』と区別して載せたつもりでした。配慮が足りませんでした。不快な表現をしてすみません」と答えてしまいました。

　あとで思えば、ローコストとロープライスは違うんていいわけをいってしまったのは若気の至り。恥ずかしい限りです。

　とにかく「ローコスト」なんて言葉を使ってしまったのは、建築主の心がわかっていなかったからですね。

　優秀な営業マンなら、打ち合わせで「最高の住宅ですよ。ちょっとお高いですが、自慢ですね」なんてヨイショして、建築主の財布の紐をゆるめて予算も上げてしまうのかもしれませんが、残念、その素質は今でもないようです。私は小物です。

　そういえば、最近、娘に「コスパって言葉、あまり使わないほうが良いよ」としかられました。まだローコストの亡霊に支配されているようです。

模型を
つくってみよう

　建物が立ち上がってくるときはワクワクします。

　建物は大きな物体です。それが物として姿を現し始めるとき、一種の「力」を感じるから心騒ぐのでしょうか。技術力・知力そして体力・協力、ときどき権力などの「力」が、建物から伝わってくるといっても良いかもしれません。

　建築士の仕事は設計監理ですから、職人のように現場で直接物とかかわりません。机上で図面という「指針」をつくり、現場で監理という「指針」を伝えるのが仕事です。大切な役割ですが、現場で職人が物と直接かかわる姿を見るとうらやましく感じることもあるのではないでしょうか。私はそうです。

　だからでしょうか、せっせ、せっせと机上で模型をつくって楽しむのです。物づくりの実感を感じるためかもしれませんが、とにかく模型づくりは楽しい。職人ほどではないですが、建物というものの縮小版にかかわることができ、職人より全体像に近づく実感も味わえます。

　でも、模型は物です。どのように組み立てようか、どんな素材が良いか、材のつなぎ方は何がベストか、弱い部分はどう処理しようかなどと考えながらも、一歩手順を間違えると、接着剤や失敗部品でぐちゃぐちゃになったりもします。でも、この試行錯誤は捨てがたい工程です。これは職人も同じだろうと思います。模型は現場と通じ合えるツールかもしれません。

　どこの事務所だったか忘れましたが、所員のスキルは、図面力より模型力で判断するといっていた方がいました。今はCG、3Dプリンターの時代ですが、やはり模型で物につながる感じは捨てがたいと思いませんか？

1
2
3
4
5
6
7
8

計画の提案

Part 4

基本設計

基本設計は設計監理の中でもっとも重要なプロセス。建物の目的地点・全体像を示すものです。ここをしっかり詰めておかないと、建物はちゃんとした目標にたどりつきません。

　建築主には同じような形の住宅で十分という人もいますが、敷地の環境、建築主の事情はどれも特殊で同じではありません。とくに、日本は限られた敷地、傾斜地など厳しい条件も多く、基本設計のできこそが住まいの質を決めるといって良いでしょう。

　設計者は、この大切な基本設計のプロセスを建築主とともに楽しむ姿勢が大切だと思います。

　設計者がもっともワクワクするのが基本設計。建築主にそのワクワク感を伝えましょう。

あのソファを置いて、くつろげる趣味の部屋がほしいな

アイランドキッチンでいれたコーヒーで、窓辺でお茶をしたいな

ポチと遊べる庭がほしいな！

いい絵が描けてきた！

お昼寝できるバルコニーがあるといいなあ

建築士の 基礎力 01 打ち合わせはほど良いペースで進める

基本設計の打ち合わせは2週間間隔で進めよう。建築主の考える時間を考慮すると1週間ではせわしなく、3週間ではだらけてしまう。

「納得いくまで」が基本設計のゴール

　「住まいづくりの過程で建築主にとって一番大事な時間は？」と聞かれれば、「住まいの枠組みを決める基本設計の打ち合わせです」と答えます。設計者としても、この時間は大切にしたいもの。

　とくに打ち合わせのペースは、2週間間隔が理想的だと思います。1週間では、建築主が忙しいときなどは何も考えられませんからね。この間隔で5、6回ほど打ち合わせを繰り返せば、建築主にとって納得のいく設計案がまとまることが多いようです。急いては事を仕損じます。

▼基本設計の打ち合わせのペース

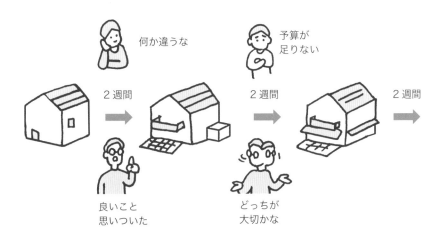

何か違うな

予算が足りない

2週間　　2週間　　2週間

良いこと思いついた

どっちが大切かな

2週間の間隔を空けて、基本設計の打ち合わせを設定しよう

こんなことを話して決めておきたい

打ち合わせをする前提として、話しておきたいポイントは4つ。初回にきちんと伝えることで、以降の打ち合わせがスムーズに進みます。

☐ 希望は予算を考えず、
　出しきってもらう

予算を考えて要望をおさえてしまう建築主も多い。可能かどうかはプロが判断することを伝えること。

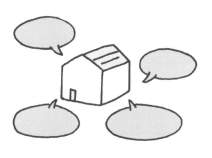

☐ 家の中心となるところは
　どこだろう

設計に入ると細かな点に目が行きがち。もっとも大切にしていることを、毎回話題に挙げよう。

☐ 地盤と構造と予算の
　バランス

地盤調査が出ていれば、適切な地盤と構造について伝える。敷地の条件などで難しい構造もあるからね。施工難度や物価などで、予算的に難しい構造もある。

☐ 面積や仕上げ、住宅設備、外構
　などでの予算アップ注意

希望を取り入れると予算は増えがち。予算については毎回確認しよう。とくに面積変更は予算に直接かかわることを伝える。仕上げや住宅設備は減額になる対案も話題に出そう。

建築士 の 住まいの居心地を決める
基礎力 02 パブリックからの動線

住みやすさのカギは、建築主のパブリックの度合いをプランに生かすことにある。もっともパブリックなポーチ、玄関から整理しよう。

どのような関係にある人が家に入ってくるか

　建築主の多くは、パブリック側の空間を余分なものと捉える傾向にあるようです。これは限られたスペースに家族の居場所を確保したいことに加え、親しい人以外は家に入り込まないものという考えが前提となっているためです。

　しかし、住まいにとって社会との接点であるパブリック側の空間は大切です。パブリック側の空間が良くできた家は、居心地の良い家になります。動線と視線の仕切りは、家具、スクリーン、植栽なども役に立ちます。

▼パブリック空間の段階

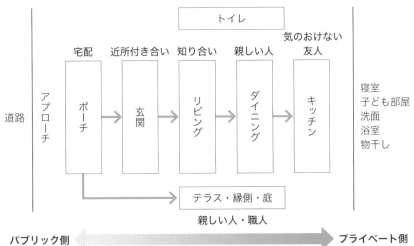

趣味のための部屋は、どちらかというとパブリック側にするほうが良いでしょう。趣味関係の人たちの訪問もあるからね

▼お付き合いの度合いのイメージを共有する

訪問の営業
どう対応したいか
聞いておくこと

宅配の荷物
受け取りの方法を
考えておこう

浅い付き合い

訪問客
近所付き合いの
程度は？
広い玄関に
テーブルも良い

趣味仲間
PTA・学校関係や茶飲み友
達にキッチンや食堂が見え
ないと良いが……

家族付き合い
大きなテーブルはイイネ！
食事をともにする仲なら、
一緒に夕食づくりもできる

深い付き合い

親戚や友人
小さな和室コーナーや
宿泊用予備室があると
便利

建築士の基礎力 03 仮でも良いから先延ばしせずに決める

良いプラン・良い建材を選びたいとき、決定を先延ばししたくなるが、仮でも良いから決めていこう。

　限られた時間で最善のプランやものを選ぶのは設計者でも難しい。まして家づくりは初めての建築主は選びきれなくても当然です。それでも、型番や色、素材選びも含め、基本設計の段階でほとんど決めるようにアドバイスしたい。より具体的な物語がイメージできるからね。

　私は次のポイントを心がけています。

☐ 軸を意識して決める
- プラン決めは、家の中心（軸）となる空間を常に意識するようにする
- 仕上げは、建築主のこだわるもの（家具、キッチン、仕上げ材、寝具、レバーハンドルなど）を軸にして決める
- 打ち合わせのときには、以前決めたことはいつでも確認できるようにしておく

この椅子大好き！

この椅子に似合う空間は？

この椅子に合った床材は？

この椅子を選ぶならどんな色がベスト？

☐ より具体的なものを確認して決める
- プランは、見学や完成写真、パース、模型などを利用する
- 仕上げは、見学やサンプルを利用する（➡ P.111）

☐ 仮でも良いから決める
- 家族の合意がなくて決められなかったり、悩んでいたりするときでも、建築主に利のあるものであれば、（仮）と明示して記録し進める

建築士の基礎力 04 建材サンプルを積極的に使おう

オススメの建材の型番や色などは早い段階でサンプルを見せて検討しておきたい。一度決めておけば、変更があっても判断しやすい。

サンプルを取り寄せて打ち合わせる

プランが形になり始めたら、建築主の望む建材サンプルを取り寄せよう。あるいは、設計者としてオススメのサンプルをまず見てもらうのも良い。意外とオススメのものを高確率で選んでくれます。

とくに外壁、屋根、居間や食堂の床・壁、家具面材などは、ゆっくり考えられる基本設計の段階で一度確定させておくのがベストです。

ついでに、スイッチプレートや照明、家具のつまみ、レバーハンドルなどのオススメをサンプルや画像などを見せて提案しておこう。

提案したものが好みでなければ、建築主自身がインターネットなどで調べてきてくれるので、その後の打ち合わせが楽に進められます。迷っている場合は、提案したもので決まることが多い。ちょっと誘導しているようでもあるけれど、オススメだから良いよね。ただし、迷ったほうのサンプルも残しておこう。現場で再度迷うこともあるからね。

▼取り寄せたいサンプル

外壁や屋根、内部床、壁などのサンプルに加え、照明やレバーハンドルなどのサンプルや画像も用意。ほかに予備のサンプルも準備しておきたい

設計者としてはあたり前と思っていても、仕上げに隠れる構造材、透湿防水シート、断熱材なども基本設計段階でサンプルを見せておくと安心してもらえます

建築士の基礎力 05 基本設計の図面に記入すべきこと

基本設計の図面は、法的順守を示す図面と、建築主との確認内容、性能関連をコンパクトにまとめたい。

図面は性能の表示をふくめシンプルに

　基本設計の図面は、実施設計のガイドライン。建築主と確認したこと、法的に検討したこと、目標の性能がわかりやすく記入されていることが望ましい。とくに、建築主との細かな確認事項（クローゼットの大きさやキッチンに置く機器など）は 1/50 平面図などで作成すると良い。

　また、性能については、「性能表示制度の 10 項目」にならい、基本設計段階での仕様を記入します。「性能表示制度の 10 項目」は、フラット 35 や省エネ基準と密接につながっているので利用しやすい。

□ 性能仕様（参考：性能表示制度の 10 項目）
❶ 構造の安定に関すること
　耐震等級など（地震などに対する強さ）
❷ 火災時の安全に関すること
　窓・壁の仕上げ・警報器など
　（燃え広がりにくさ、延焼のしにくさ）
❸ 劣化の軽減に関すること
　柱や土台などの耐久性
❹ 維持管理・更新への配慮に関すること
　配管の清掃や補修、更新のしやすさ
❺ 省エネルギー対策に関すること
　温熱環境・エネルギー消費量など
❻ 空気環境に関すること
　「F ☆☆☆☆」仕様と 24 時間換気
　（シックハウス対策と換気）
❼ 光・視環境に関すること
　窓の面積、道路からの視線の考慮など
❽ 音環境に関すること
　床の音対策、サッシの等級（遮音対策）
❾ 高齢者などへの配慮に関すること
　移動時の安全性の確保、介助のしやすさ
❿ 防犯に関すること
　開口部の侵入防止対策、玄関の 2 重錠、
　ディンプルキー使用、ホームセキュリティなど

※フラット 35 や省エネ基準を参照

目標の性能など

省エネや耐震など基本的な性能の確認事項を表にする

性能関係仕様書
省エネ・フラット 35・長期優良住宅の仕様など

法的に検討したいこと

建築物の合法性を示す
基本設計でもっとも大切な内容

配置図
主に法の集団規定の項目を記入する

求積図・求積表
敷地と建物の面積を算定する図と表

断面図
GL、階高、天井高、斜線、軒高、最高
高などを記入

構造関係仕様書
建物に要求される耐火・準耐火・防火
などの構造仕様を記入

建築物概要書
建築物の概要を表にしたもの(➡ P.114)

建築主との確認事項

実施設計で建築主と詰めるための
基本内容

平面図
主に法の単体規定の項目を記入する

立面図
窓・ドアの形状配置、外部仕上げなど

仕上げ表・仕様書
内外仕上げ・建材などの仕様

平面図（1/50）
建築主と打ち合わせた内容（➡ P.82）
を整理して平面図に記入

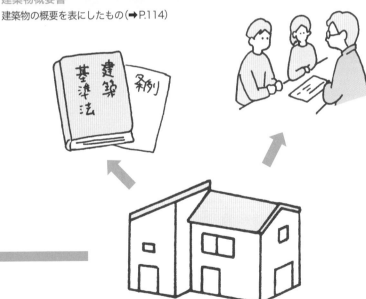

基本設計の図面は、シンプルにわかりやすく記入しよう

建築士の基礎力 06 基本設計の必要書類を揃える

基本設計の完了は、図面に加え、概算書やスケジュールなどとあわせて
確認すること。そのうえで、次の実施設計に進もう。

概算書

基本設計で提出する概算
書は、設計者にとっても
建築主にとっても大事な
もの。
設計の概要と予算のバラ
ンスを確認するためのも
のだからね。

スケジュール

実施設計の完了予定、ロ
ーン準備、見積、工事契約、
工事の日程の予測などを
書面で伝える。

基本設計図書確認書

基本設計を終了し、実施
に移ることを書類で確認
する。
説明した基本設計図書へ
のサインなどでも良い。
このとき、基本設計終了
時の請求書も忘れないよ
うにしよう。

相談時の概算
工事費以外の費用を
含めて示す。
依頼可能かを判断す
るためのもの。

提案時の概算
大枠の要望を入れた
設計が、どの程度の予
算になるかを示す。

基本設計時の概算
構造・性能・仕上げ・住設のレベルから予想する。
概算としては、もっとも重要なもの。

実施設計時の概算
図面に基づき工事見積の目標とする金額を示す。

概算

田中邸
基本設計図書

基本設計図書
確認書

基本設計の終了と
実地設計の開始を
了解しました。

令和0年0月0日
田中洋

建築物概要は建築確認申請書の項目とリンクさせよう

　基本設計で作成する建築物概要の内容を、確認申請書の重要な項目とリンクするように整理しておけば、確認申請書の作成が簡単になり、訂正などに間違いがなくなる。

確認申請書の
主な記入事項

工事名称	山中邸新築工事		
建築主	山中 建（ヤマナカ タテル）連絡先○○		
	住所	東京都○○区○○ 3 丁目 4-56 〒 123-4567	
敷地概要	地名地番	東京都○○区○○ 3 丁目 567	
	住居表示	東京都○○区○○ 3 丁目 4-56	
用途地域	第 1 種低層住居専用地域	外壁後退なし 絶対高さ 10m	
	指定建ぺい率 50%	実施建ぺい率 50%	
	指定容積率 100%	実施容積率 100%	
	※道路幅員 5.345m ＊ 0.4 ＝ 2.138 ＞ 100（52 条 2 項）		
地域地区	準防火地域 市街化区域（都市計画区域）		
	第 1 種高度地区 日影 4 時間 2.5 時間 1.5m		
	最低敷地面積 80m²		
敷地	敷地面積　353.48m²		
道路	種類	42 条 1 項道路　　　　　　特別区道○号（推定 5.4m）	
	幅員接道など	幅：5,345m　接道：13m020　　GL との差 -560 ～ -1167	
建物概要	主要用途	一戸建ての住宅（08010）	
	面積	建築面積	135.00m2
		床面積 1 階	132.48m2
		2 階	52.99m2
		延面積（容積算定）	185.47m2
		※緩和利用なし	
	建ぺい率	38.20% ＜ 50　　　　OK！	
	容積率	42.47% ＜ 100　　　　OK！	
	各部高さ	1 階床高　　GL+539	
		最高軒高　　GL+5,629	
		最高高さ　　GL+7,280	
		※天空率の特例なし	
	構造	木造 2 階建　　　　　　　　　※構造適判なし	
		地業 地盤補強	
		基礎 布基礎	
		準耐火構造（イ　準耐）	
許可認定	緑化計画書 200m2 以上必要 総合治水対策の協議：500m2 未満不要		
	※建築物省エネ法申請なし		
予定工期	20 ○○ / ○月より 6 か月程度		
設備	給排水・電気・ガス・換気・冷暖房・住宅用火災警報器その他		
申請特例	4 号特例建築物（令 10 条 3）		
主な仕上げ	仕上げ表参照		
	備考	一級建築士事務所○○ 東京都○○市○○ 1-2-3 〒 012-3456	
		電話番号 03-0123-4567 知事登録第○○号	
		監理建築士○○ 一級建築士 大臣登録第○○号	
		代理人、設計者、管理者：管理建築士 ○○	
		構造設計：○○ 一級建築士 大臣登録第○○号	
		一級建築士事務所 △△ 東京都○○市○○ 1-2-3 〒 012-3456	
		電話番号 03-0123-4567 知事登録第○○号	

登記に記載される地名地番と、郵便などの目印となる住居表示ともに記入

敷地の用途地域と建ぺい率や容積率。道路幅などで決まる建ぺい率や容積率は違うことも多い

いろいろな地域規制があるので、建築関係の規制は漏れなく記入しよう

道路幅が資料に書かれていても、現状を必ず計測して記入しよう。接道長さも忘れずに

延べ面積の緩和があれば記入

建物の耐火などを記入。近年は区分も複雑なのでしっかりと

大体の予定で OK

法規が関連する設備について記入。住宅ではここに挙げたものくらい

設計・監理業務にかかわる人の情報を記入。申請書などの書類を作成するときに役に立つので、記入しておくと良い

プロの押え処

隣家の視線と音に気をつけよう

住み始めてから隣家とほど良い付き合いができるように、
視線や音、においなどを意識して設計しよう。

視線や音、においの対策には配置や目隠しなどで対策をしよう。目隠しなどは予算に響くものなので、基本設計段階で考えておくこと。

☐ 玄関先でのあいさつは
　そこそこにしたい

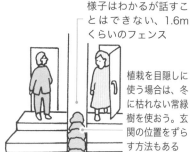

様子はわかるが話すことはできない、1.6mくらいのフェンス

植栽を目隠しに使う場合は、冬に枯れない常緑樹を使おう。玄関の位置をずらす方法もある

☐ 居間の大きな窓を開けると
　隣家のトイレなんて気分最低

目隠しをつけたり、配置を変えたり、
視線の方向を変えたりしよう

☐ 物干しが隣の窓の前にあるのは、
　お互いに落ち着かない

風通しの良い目隠しをつける

☐ 隣家のキッチンからのにおいが
　直接くるのは避けたい

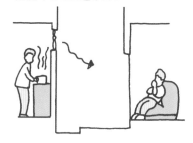

窓の位置を工夫する

浴室の窓と隣家の窓との関係も気になります。窓の位置や方向に
気をつけたり、囲われた坪庭をつけるのも良い。庭も、隣家の視線が
気になると維持が億劫になるので格子などの目隠しも有効でしょう

プロの押え処

敷地とプラン考❷

将来、隣家の影はどうなるか

南側隣地に基準法の規定ギリギリの建物が建ったとき、
その影がどうなるかまで考えて設計しよう。

「南側が駐車場だから明るくてイイネ」と思っていると、いつしか共同住宅が建ち、日当たりの良かった庭が日中ずっと影になってしまう、なんてことも。その先を想定しておくことが大切です（➡ P.96）。

南側が平屋

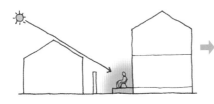

今は結構明るい、けど……

高い建物に建てかえられたら

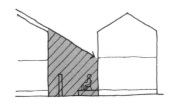

気持ちの良い庭が、最悪な庭に

あきらめないで、こんな設計による解決も！

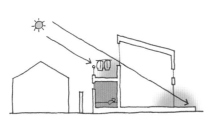

上からの光を取り入れて北側の居間、北側の庭とするのは
都市住宅としては有効な方法だね

直射日光ではない光（採光）でも、明るければ
気持ち良い空間にできることを忘れずに！

プロの押え処

敷地とプラン考❸
風の通り道をつくる

都市型住宅では、風は道路や敷地の隙間からやってくる。
窓やテラスの位置は風の通り道に合わせて決めよう。

　敷地の境界には必ず隙間があるものなので、そこに合わせて窓を配置
しよう。すると視線も気にならないし、風も通ります。また、春や秋の
卓越風向（主な風向）（➡ P.69）を調べて、現地で確認しておきたいね。

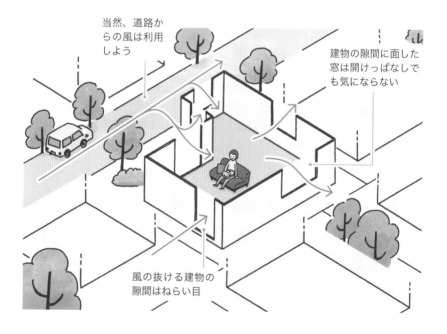

当然、道路からの風は利用しよう

建物の隙間に面した窓は開けっぱなしでも気にならない

風の抜ける建物の隙間はねらい目

　設計を始めたころ、ベンチつきのアルコーブを隣地どうしの境界ラインの延長線上に配置しました。風も通り目線も気にならず、建築主に「さすがですね」と褒められました。実をいうと、偶然だったのですが、まぐれも当たればGoodだね

プロの押え処

敷地とプラン考❹
外部設備の配置は基本設計の領分

外部設備は建物の美観・機能・維持への影響大。隣家との関係も考慮して基本設計段階で調整しよう。

1 2 3 4 5 6 7 8

基本設計

　都市型住宅では敷地が狭く、エアコンの室外機、ガスボンベ、ガス・電気メーター、給湯器などの配置に悩みます。美観、維持、機能に支障があることも多いからです。中でもエアコンの室外機は、音が気になるうえに場所もとるので、配置にはとくに気をつかいます。

☐ エアコン室外機は風と音が出る

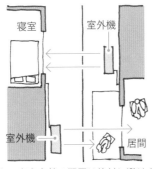

寝室　　　室外機

室外機　　　　　居間

隣家の寝室窓前の配置は絶対に避けよう

☐ 給湯器などが隣地境界との
　狭いスペースをふさいで通れず
　裏のスペースが不毛の隙間に

給湯器

GM
WH

給湯器は設置規準があるので、基本設計段階で調整しておこう。裏に出られる窓をつくるのも良い

☐ ガスボンベは設置基準があり、
　交換スペースも必要

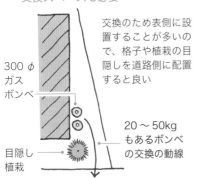

300 φ
ガス
ボンベ

目隠し
植栽

交換のため表側に設置することが多いので、格子や植栽の目隠しを道路側に配置すると良い

20〜50kg
もあるボンベ
の交換の動線

☐ エアコンの配管が表に出ていては
　醜い

エアコンを道路側に配置すると、配管が家の正面に出てしまうこともある

立体はどこから見るのかを意識する

立面図だけで外からの見え方を理解するのは大変だ。1:50 の外観模型でベストを探ろう。

外形模型には隣家外形も入れて、いろいろ考えよう

☐ 屋根の色を悩んだけれど、ほとんど見えない

道路からは、玄関の庇や樋のほうが目立ちそう

立面図では、屋根の色が気になるけれど……

☐ 縦の大きな壁が意外と目立つ

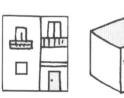

道路に突き出た壁の窓を小さくして、壁面を生かそう

立面図では正方形だけれど、実際の見え方は違う

☐ 道路からは、工夫したデザインが見えない

道路際に門のフレームと樹木を設置してみよう

せっかく 2 階が張り出したダイナミックなデザインが良いと思ったのに、まったく見えないなんて残念

Kuruba's Point

プロの押え処

忘れない❷

手ごわい高機能空間・キッチンを攻略する

キッチンの機能を支える機器や道具をうまく配置できたら、設計者として優秀。道具・機器の整理から始めよう。

既製品のシステムキッチンを選ぶとしても、その前に建築主とキッチンの使い方を図面上で整理しておくと良い。キッチンの選択規準になるし、足りない棚やカウンターを設計でどう補うかも見えてきます。図版で示した整理する場所がうまく決まれば基本設計としては OK。

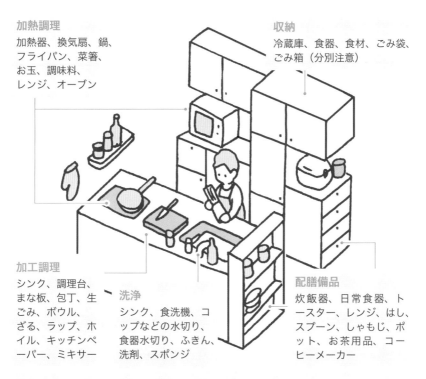

加熱調理
加熱器、換気扇、鍋、フライパン、菜箸、お玉、調味料、レンジ、オーブン

収納
冷蔵庫、食器、食材、ごみ袋、ごみ箱（分別注意）

加工調理
シンク、調理台、まな板、包丁、生ごみ、ボウル、ざる、ラップ、ホイル、キッチンペーパー、ミキサー

洗浄
シンク、食洗機、コップなどの水切り、食器水切り、ふきん、洗剤、スポンジ

配膳備品
炊飯器、日常食器、トースター、レンジ、はし、スプーン、しゃもじ、ポット、お茶用品、コーヒーメーカー

その他
パントリーをつくり、整理する案も考えてみよう。
飲料水、大皿、簡易ガス台、贈答品、調味料・乾物・レトルト食品、予備洗剤、野菜保管、分別ごみ置場、災害時備蓄、ほか

基本設計

プロの押え処

忘れない❸
洗濯は家事の一大事と捉える

洗濯は料理・掃除とともに家事の３大ミッション。建築主とシミュレーションして詰めていこう。

　洗濯という家事は、「脱衣・洗濯・物干し・整理（たたむ・アイロン）・収納」のつながりが大切。洗濯機置き場や物干し場を単体で捉えてうまく配置できても、このつながりが悪いと良い設計とはいえません。家事はすべてつながりが大切だと心得ておこう。

▼ 洗濯の家事の流れ

浸け置きシンクは？　　　雨が降ったら？

洗濯

脱衣

物干し

たたむ

整理

収納

アイロン

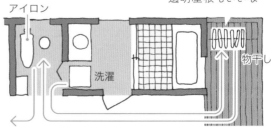

透明屋根もいいな

アイロン

洗濯

物干し

これくらい短い動線
だと家事は楽だね

プロの押え処

忘れない ❹
自転車の置き場を確保する

自転車の置き場は余った空間ではいけない。台数・置き方・雨対策・安全の確保を考えて設計しよう。

Point

　自転車置き場は、住まいの満足度に影響するが、敷地が狭いと設計が後まわしになる傾向にあります。小さな敷地では2、3台でも、場所の確保がけっこう難しい。設計を始めたら、建築主に自転車の台数や種類を忘れずに確認しよう。近年では、電源の必要な電動タイプも人気があります。また、子どもの自転車は道路への飛び出しも想定することが必要となります。安全をよく考えて場所を決めよう。

▼自転車3台はけっこう場所をとる

近年は自転車の大きさも、重さもいろいろだ。
小型バイクもあるのでよく話しておこう。
また、雨対策、電動自転車の充電器の位置なども大切なポイントだね。

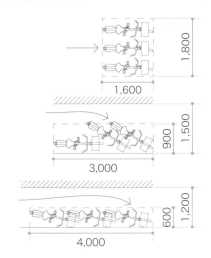

▼子どもの飛び出しに注意したい

塀を低くしたり、格子にしたりして、見通しを良くすることがまず大切。
扉を内開きにするなど、自転車に乗ったまま道路に出られないようにするのもひとつの案。

基本設計

123

プロの押え処

アイデア❶

住まいに余裕をもたせる玄関土間

玄関土間が広いと外部環境とのつながりを一変させ、ゆったりした住まいになる。

　靴を脱ぐ習慣のある日本人にとって玄関土間は外履きのまま使えて、ちょっとした作業ができ来客と気楽に話せる多目的な場所でした。しかし、いつしか玄関は靴を脱ぐだけの狭い場所になってしまいました。

　昔の農家の台所や作業場、町屋の住宅内の小路としての土間を参考に、ゆったりとした玄関土間を設計してみよう。一年の多くが雨の日の日本では、広めの玄関土間は豊かな空間となるでしょう。

☐ 現代版の玄関土間の例

玄関土間に台所、食堂居間が直接つながる間取り。
廊下の部分の面積を土間にすると考えれば可能なプラン

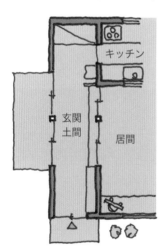

土間なら、自転車を直したり、おしゃべりしたり、
人が多いパーティを開いたりするときにも対応しやすいね

プロの押え処

アイデア❷
二世帯住宅は共生の基本スタイル

二世帯住宅は、知り合いの2世帯がほど良くつながり共生する生活というイメージで進めると良い。

　花壇や樹木、ポーチのベンチ、来客スペース、図書コーナー、納戸、テラスなどを無理のない程度で共有すると、うまくふたつの世帯をつなぐことができます。

　また、お互いの生活がほど良く感じられる程度に、窓からの視線を制御すると、良い関係が維持できます。もっともやってはいけないのは、見えすぎること。干渉過多になりやすくなってしまいます。

▼2世帯の共生の工夫はさまざまな共同生活設計に役立つ

□ 共有の来客スペースは
　自然なつながりを生みやすい

図書室なども良い

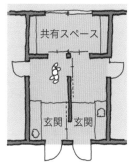

□ 隣家の帰宅がわかる程度の窓は
　あったほうが良い

共有の植栽・花壇やベンチも良い

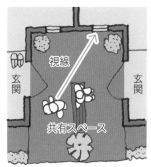

□ 居間や食堂は見えないが
　連続したテラスで
　雰囲気は伝わる

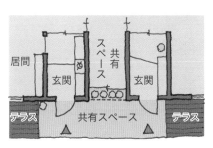

プロの押え処

外部と内部を取りもつ半外部空間を取り入れる

縁側やぬれ縁といった半外部的空間は、日当たりや風を
ほど良く感じられる心地の良い場所。うまく利用しよう。

☐ 縁側・ぬれ縁でほど良い外部を感じる

夏

生活

縁側

縁側
蒸し暑い夏は、日影で風を感じて楽しめる

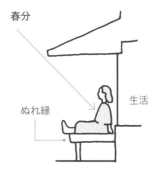

春分

ぬれ縁

生活

ぬれ縁
春や秋は、日もあたり、風も感じる

☐ テントやすだれなども役立ちツール

テント

テント

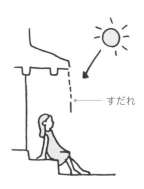

すだれ

すだれ

大きなテラスも良いけれど、縁側の段差が意外と良い。椅子やテーブルいらず

プロの押え処
耐震はプランを練っているときから考えておく

木造の耐震壁のバランスは忘れないでほしい。地震が起きたらどうなるかをイメージしながら設計しよう。

□ 木造住宅が地震に耐えるイメージはできているかな

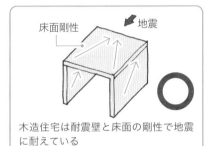

床面剛性　地震

木造住宅は耐震壁と床面の剛性で地震に耐えている ○

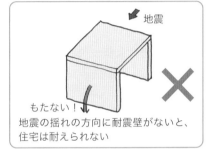

地震

もたない！
地震の揺れの方向に耐震壁がないと、住宅は耐えられない ×

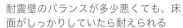

床面剛性　地震

耐震壁のバランスが多少悪くても、床面がしっかりしていたら耐えられる ○

地震

耐震壁のバランスが悪く床の剛性がないと、住宅は壊れてしまう ×

□ 吹き抜けや階段などで床の剛性がとれないところの耐力壁は役に立たない

耐震壁があっても吹き抜けで地震力が伝わらない

壊れてしまう

吹き抜けには火打ち梁や付属床を設け、耐力壁に地震力が伝わるようにしよう。
難しいときは構造計算で対応すること

２階に本棚や大きな水槽などの重いものが平面的に偏る（偏心する）と家のバランスが崩れるので対策が必要です

127

プロの押え処

太陽光発電を採用するなら 設置には気をつけたい

太陽光発電パネルを取りつけるときは初期段階から、強風・耐震・雨漏り・維持の仕方などを考えよう。

家庭の温室ガスの66%削減がうたわれる時代。太陽光パネルの採用は増えそうですが、屋根への設置はリスクがあることも忘れてはいけません。住宅で使う太陽光パネルは300〜400kg程度で、それほど重いわけではありませんが、耐震壁の少ない南側の屋根にのることが多いので、耐震に十分な注意を払う必要があります。

また、屋根材に穴をあけての設置は、止水剤で処理するとしても避けたい施工法です。さらに、維持や取りかえもあります。イニシャルコスト、ランニングコスト、撤去も含め考えることはたくさんあります。基本設計段階からしっかり取り組みましょう。

☐ 偏心に気をつける

性能4kWのパネルだと
400kgほどの重さ。
大人7人くらいが屋根
にのっている状態

この耐力壁で支えきれるかを確認する

耐力壁のバランスによっては
許容応力度の構造計算をしよう

☐ 取りつけに気をつける

ここの部分の金物が十分な強度か、
屋根材を傷めない施工法かは選択
の重要ポイントだ

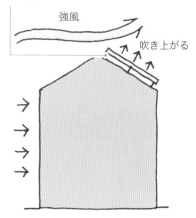

強風

吹き上がる

プロの押え処

基本設計段階から 施工のことを考える

都市部では敷地の状況が構造や予算にまで影響する。基本設計で工事がスムーズにいくかを考えておこう。

　敷地の状況によっては、構造や施工法が限られることがあり、それは予算にも影響します。基本設計段階で把握しておこう。

　狭い道で2トン車が入らない、隣家の倒壊が心配、コンクリートポンプ車が駐車できない、前面道路の交通量が多すぎて建て方が難しいなどの問題は、対応策を考えておくべきですね。経験豊かな施工業者や協力会社を特命で決めて、設計時から協力を仰ぐのも選択肢のひとつ。

☐ 電線と立ち木で建て方のクレーン
　　が使えそうにない

鉄骨をやめて
木造に

☐ 隣家の倒壊が心配

安全のためにRC造で進めたが、
杭が必要になってしまった

☐ 狭い道で敷地の横まで
　　2トン車が入らない

職人の手運搬になり
予算5%アップもやむなしと
考えておこう

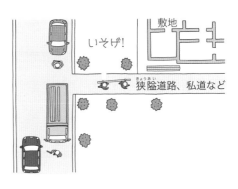

いそげ!

敷地

狭隘道路、私道など

プロの押え処

戸建てリフォームでの注意点

木造戸建てリフォームの設計では、基本設計段階で、補強・補修の方針を明確にしておこう。

　戸建て住宅のリフォームでは、構造の補強や改修に付随する補修に、予想以上の予算が必要となることがある。

　たとえば、構造を補強する場合、1か所だけとはいかず、全体の補強をしないと意味がないことが多いからね。基本設計段階で、構造補強や補修も考えて予算を検討しよう。

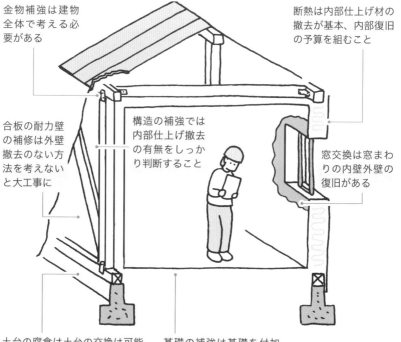

金物補強は建物全体で考える必要がある

断熱は内部仕上げ材の撤去が基本、内部復旧の予算を組むこと

合板の耐力壁の補修は外壁撤去のない方法を考えないと大工事に

構造の補強では内部仕上げ撤去の有無をしっかり判断すること

窓交換は窓まわりの内壁外壁の復旧がある

土台の腐食は土台の交換は可能だが、後施工のケミカルアンカーなどで基礎にアンカーすることもある

基礎の補強は基礎を付加することで可能だが、床はすべて撤去が前提だ

プロの押え処

マンションリフォームでの注意点

基本設計段階で管理組合規約をまず確認したうえで、配管・ダクトの経路を明確にしておこう。

Kuruba's Point

　マンションのリフォームの場合は、まず管理組合規約を確認することが必要です。共用部分の扱い規定、工事の規約などを調整しながらの設計となります。

　配管・ダクトの経路を工夫できれば、設計の可能性も広がります。また、電気の容量も要注意です。

エアコン配管用のスリーブ
移動・増設はできないことが多い。窓を利用することもあるが管理組合と相談すること

キッチンのダクト
梁貫通のスリーブの位置に左右される。梁下 2,100 mm あれば下を通せる可能性はある

梁貫通スリーブの位置
この位置をしっかり把握すること

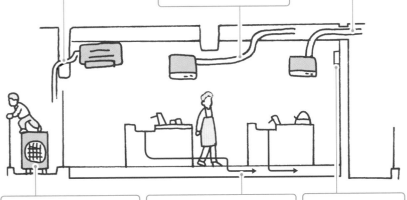

エアコン
室外機の設置を確認。マルチエアコンを使うことで台数をおさえることもできる。子どもが室外機に乗って、ベランダの柵から落ちないように注意！

排水管
排水勾配と床下の空きによりキッチンなどが移動可能かうかが決まる。
排水管を造りつけの収納家具下などに経由することで移動が可能となる場合もある

電気の容量
マンション規定によるが、IH機器、エアコンの増設に影響する

基本設計

目指せ街場の建築家 ❶

住宅をスケールから
見てみよう

名作住宅でもそれぞれに違うスケール感

名作住宅も同じ縮尺にして並べてみると、その立地環境や設計者の思いが透けて見えてきます。つくられた背景まで想像してみるとおもしろいね。

いろいろな住宅をスケールに合わせて眺めてみるのも楽しい。いくつか紹介します。

▼名作住宅のスケール

サヴォア邸：コルビュジェ
（1931年・2階）

四角形の中に幾何学の要素を詰め込むためには「チマチマとつくってちゃ、近代建築の理念が伝わらない！」とでもいっているかのような気迫を感じる

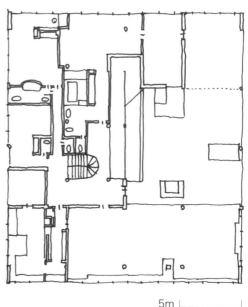

5m ⊢━━━┤

落水荘：ライト（1936年・1階）

サヴォア邸に比べるとスケールはこじんまりして見えるが、「人のスケールで環境に対応していくとこうなりました」というメッセージが伝わってくる。ライトは人が好きなのかも

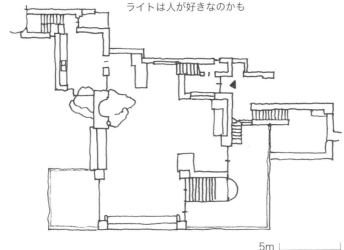

5m

塔の家：東孝光（1967年）

圧倒的に小さい。ここまで小さいと「都市に住むって何だろう」と考えさせられる

垂直移動の階段そのものが家であり、踊り場も部屋。精神を越えて楽しむ感じがカッコイイ！

住吉の長屋：安藤忠雄（1976年・1階）

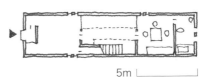

5m

5m

サヴォア邸とは真逆の小さな枠にぎゅっと詰め込んで「もうね、精神で乗り切るよ！」といった感じが伝わってくる。大事なのは、住む心だね

最小限住宅の魅力は
どこにある？

濃密な空間のメッセージを設計に生かす

　日本の建築家を虜にしてきた最小限住宅。空間の濃密さからか、起きて半畳、寝て一畳の仏教的世界観からかはわからないが、一度は考えてみたい住宅です。都市住宅と悪戦苦闘する設計者なら、最小限住宅には関心があるだろう。住まいを極める道のひとつなのかもしれない。ウサギ小屋などとはいわせないぞ。

▼日本の最小限住宅の間取り

池辺陽　立体最小限住宅 (47m² 1950年)

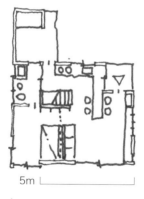

5m

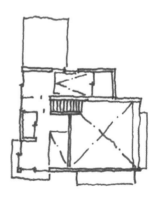

戦後の復興の中で、民主的な市民を想定した合理的な最小限の住まい。片流れの屋根の低いほうを吹き抜けにしてつながる空間。窓辺のベンチ。とても70年前とは思えない

増沢洵　最小限住宅 （49.6m² 1952 年）

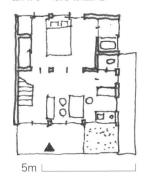 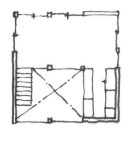

5m

最小限住宅の基本型。現在でも「9 坪ハウス」などとして再評価されている。家って、小さくても全然問題ないね

広瀬鎌二　SH-1 （47m² 1953 年）

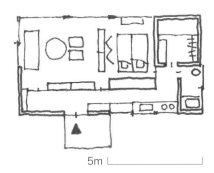

5m

鉄骨平屋のワンルーム住宅。玄関の土間の扱い、家具の間仕切りなど、ワンルームのお手本のような家。古さなどみじんもない。一度体験してみたい

公団住宅　51C 型 （40.2m² 1951 年〜）

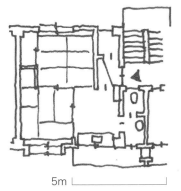

5m

黒川紀章　中銀カプセルタワー
（8.74m² 1972 年）

5m

戦前より食寝分離を唱えていた西山夘三の影響を受け、吉武泰水、鈴木成文といった建築家がつくり上げた 51C 型団地プラン

最小限住宅というより最小限個人住宅。断捨離を極め、少し改造すれば快適空間だ（内寸 2.3×3.8×H2.1m）

茶室に学ぶ
畳の空間づくり

茶の湯の空間（茶室）から学んでみよう

　窓辺で紅茶タイムがあるように、畳の部屋があるなら畳で豊かにお茶のひとときも忘れてほしくない。

　座卓での煎茶のもてなしは一般的ですが、茶の湯となると敷居が高くなりますね。でも、洗練されたもてなしの茶の湯の空間（茶室）を参考にして、住まいでお茶のひとときをアップグレードしよう。

　基本設計時では3つのポイントを押さえておこう。

■もてなしを考えた空間配置を押さえておこう

　いろいろ使える和室は便利だからといって、とりあえずつくっておくだけではもったいない。茶室を参考にもてなしを考えた、配置の工夫をすれば、より豊かな和の空間ができるだろう。

▼2畳の茶室空間から学ぶ空間配置例

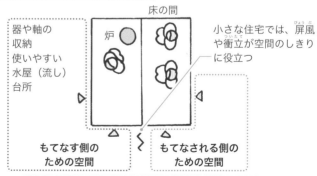

床の間

炉

器や軸の
収納
使いやすい
水屋（流し）
台所

小さな住宅では、屏風（びょうぶ）や衝立（ついたて）が空間のしきりに役立つ

もてなす側の
ための空間

もてなされる側の
ための空間

外国のお客様の多い建築主が、日本文化でもてなすためにつくった茶室。水屋が使いにくかったために、結局有効に使われませんでした……。茶室も裏方が肝心なんですね

■畳の大きさと柱の間隔を押さえておこう

　畳の大きさも大切な要素。京間は無理だとしても江戸間以上の大きさにしておけば、お茶のお稽古や簡単な茶事もやりやすくなります。でも大壁では、畳が幾分小さくなるので、基本設計段階で畳の大きさに合わせ、柱スパンを調整しよう。

▼畳の寸法もいろいろ

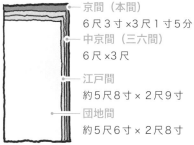

京間（本間）
6尺3寸×3尺1寸5分
中京間（三六間）
6尺×3尺
江戸間
約5尺8寸×2尺9寸
団地間
約5尺6寸×2尺8寸

京間と中京間は畳の大きさで壁内法が決まり、江戸間と団地間は壁内法で畳の大きさが決まる

▼畳の大きさと柱のスパン

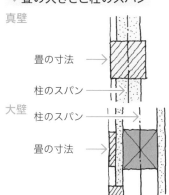

真壁

畳の寸法 →

柱のスパン →

大壁

柱のスパン →

畳の寸法 →

■床の間はつくっておこう

　畳の部屋をつくったなら床の間は必須ですが、立派なものでなくて結構。茶室では、壁を床の間に見立てた壁床なども立派な床の間です。

▼壁床

壁に軸などを飾れるようにつくり、床に見立てたもの

▼織部床（おりべどこ）

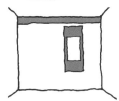

壁の上部に板をつけた壁床

もっと知りたい人のために

　楽しめるお茶の空間づくりには、「分相応の茶室なら、あなたの家でも楽しめますよ！」という視点で書かれた『茶室手づくりハンドブック―はじめての茶の湯空間―』岡本浩一・飯島照仁（淡交社）や、まず水屋が大切という視点で書かれた『自慢できる茶室をつくるために』根岸照彦（淡交社）が参考になります。

Part 5

実施設計

実施設計の図面によって工事金額が決まります。小さな住宅でも、現場監督、職人、協力業者など 30 〜 40 人の人々が動きます。その現場は現場監督が仕切りますが、実施設計を描いた建築士はその現場を図面で操る影のボスといえるのかもしれません。

実施設計図書に盛り込まれる情報は多岐（たき）にわたるので、現場が的確に判断できるような図面を作成するには、かなりの知力と体力と経験が必要です。考えること満載ですが、実際に敷地で形になっていく図面を描くのはワクワクするもの。大変だけれど充実した時間といえるでしょう。日々ブラッシュアップ！

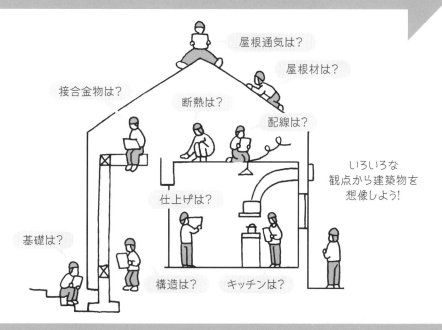

屋根通気は？
屋根材は？
接合金物は？
断熱は？
配線は？
基礎は？
仕上げは？
構造は？
キッチンは？

いろいろな観点から建築物を想像しよう！

建築士の基礎力 01 実施設計と実施設計図書の役割を知ろう

実施設計とは、基本設計をもとにして、工事に携わる人たちが建物をつくり上げるのに必要な情報を盛り込んだ設計図を作成することだ。

　基本設計では建築主が建物の内容を理解でき、安心して家づくりを進められるような簡明な図面を心がけよう。実施設計の段階では、専門家に間違いなく伝わるように、正確で丁寧な図面を作成したい。

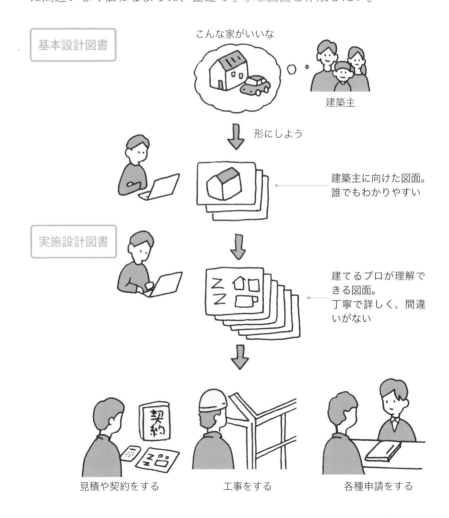

基本設計図書

こんな家がいいな

建築主

形にしよう

建築主に向けた図面。
誰でもわかりやすい

実施設計図書

建てるプロが理解で
きる図面。
丁寧で詳しく、間違
いがない

見積や契約をする　　　工事をする　　　各種申請をする

建築士の 線種分けは見やすい
基礎力 02 図面の第一歩

内容が多岐にわたる設計図書では、読み取りやすいように「線種を使い分ける」ことが大切だ。

線の種類を使い分けてくっきりとした図面に

伝わる図面を作成するには、メリハリのある図面に仕上げることが大切です。そこでまず必要とされているのが、線種を区別して、何が描かれているかが明解に区別でき、理解できるように描くこと。CADでは、線種に加えて色分けでも区別できるように工夫しよう。

たくさん描いて、読んで、少しずつ慣れていこう。

▼3つの線種の使い分け

太線：断面、主外形、躯体、主基準線、設備器具・配線配管、
　　　文字・数字・記号
中線：形、寸法線、建具、見えがかり、家具
細線：ハッチング・目地・木目

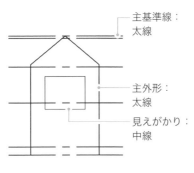

主基準線：太線
主外形：太線
見えがかり：中線

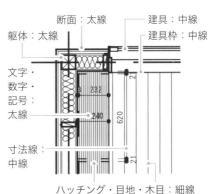

断面：太線
躯体：太線
建具：中線
建具枠：中線
文字・数字・記号：太線
寸法線：中線
ハッチング・目地・木目：細線

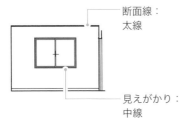

断面線：太線
見えがかり：中線

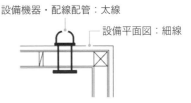

設備機器・配線配管：太線
設備平面図：細線

建築士 の レイヤー分けで 訂正をカンタンに
基礎力 03

実施図面では訂正も多くおこなわれる。訂正がしやすいよう「レイヤーを分けて」描こう。

レイヤーを分けて、図面を実用的に

　実施設計図書では、訂正も頻繁にあるうえに、共同で作成することも多くあります。さらに、現場施工図の元図となることもあるため、内容ごとにレイヤーを分けて描いておくと良いでしょう。

　ただし、住宅設計のように規模の小さな場合には、レイヤーを細かく分けすぎないほうがスムーズに進むこともありますのでほどほどに。

▼レイヤーの分け方の例

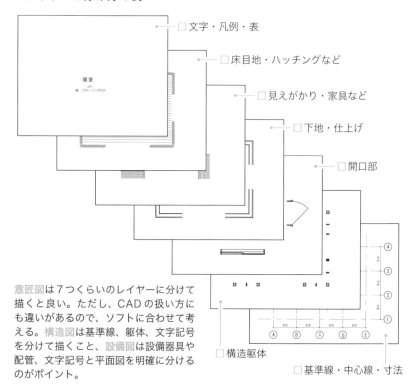

□ 文字・凡例・表

□ 床目地・ハッチングなど

□ 見えがかり・家具など

□ 下地・仕上げ

□ 開口部

□ 構造躯体

□ 基準線・中心線・寸法

意匠図は7つくらいのレイヤーに分けて描くと良い。ただし、CADの扱い方にも違いがあるので、ソフトに合わせて考える。構造図は基準線、躯体、文字記号を分けて描くこと、設備図は設備器具や配管、文字記号と平面図を明確に分けるのがポイント。

建築士の基礎力 04　図面はつくり手に伝え、ともに扱うもの

実施設計図は、現場で建物をつくる人たちに向けた「設計者から伝える言葉」と考えると良い。次の4つを意識して作成しよう。

　良い建物をつくるには、小さな建物でも結構な量の実施設計の図面が必要です。図面作成に没頭しているうちに、現場にいるつくり手のことを忘れてしまうなんてことのないように気をつけたい。現場では「どう読んでくれるだろうか」と考えて図面を描くことが大切です。よく考えられた図面は現場でも照合しやすく、問題なども見えてくるものです。そうすれば、現場での反省も次の図面にフィードバックしやすくなります。

1. つくる人を意識した図面

　躯体ができたら、開口部、下地、見切りを取りつけ、仕上げに進む。図面も、このような工事手順を考えながら作成します。

　現場はいつだって忙しいので、パッと見て成り立ちのわかる、簡明な図面がありがたい。図面を描いた本人なのに、現場の職人たちに説明を求められて焦ってしまうようなことだけは避けたいものですね。

　実は、私には焦った経験があるのです。手描きで図面を描いていたころはなかったけれど、パソコン上でコピペができるようになってからは、とくに多くなってきたように思います。反省しきりです。

えー
これどうつくるんだろう
わからない…

実施設計

2.監理者を意識した図面

　監理者を設計者以外の人がつとめることは、小規模の建物でも多くあります。誰が監理者であっても、図面内容を的確に把握できるよう、仕様や注意点をしっかり記入しておくことが大切です。

　施工時に必要な寸法は、すぐに確認できるような図面にしたい。現場で電卓を使って寸法の割り出しをしているようではシャレになりませんからね。

3.見積・発注を意識した図面

　施工の範囲や見切り、仕上げレベルが明示されていることが必要です。また、建具や機器の数量は、計算しなくてもわかるよう表示しておこう。発注が正確にできれば金額も正確に出るので、くれぐれも間違いのないように記入しましょう。

4. 訂正変更を意識した図面

　各図面で重複記入が多くなると、変更時や訂正時に誤記を生じやすくなります。難しいことですが、わかりにくくならない程度で整理したい。内容を省略した箇所には「○○表参照」「○○詳細図を見る」などと明記し、重複記入をなるべく避けるようにします。

　また、図面の「カテゴリー分け（➡ P.148）」をして、記入漏れを防ぎ、内容を整理しやすくするのも大切です。

同じ場所

訂正は3か所
だったかな？
まだあるかな？

手描き図面とデジタル図面の情報は同じ？

　展覧会などで、建築家や設計者の手描きの図面を見たことがありますか？
　何度も描き直した薄汚れた図面から、線一本にかけた時間と思いが伝わります。同じ図面でも、手描き図面とデジタル図面とでは伝わる情報も少々違うなと実感します。
　図面の制作も、ものの加工も、デジタル化がますます進むでしょうが、手づくりとの違いも楽しみたいものです。

建築士の基礎力 05

実施設計図書は5つの カテゴリーで整理する

実施設計図書の内容は多岐にわたるのでカテゴリー分けをして整理すると扱いやすくなり、重複記載や記載漏れも少なくなる。

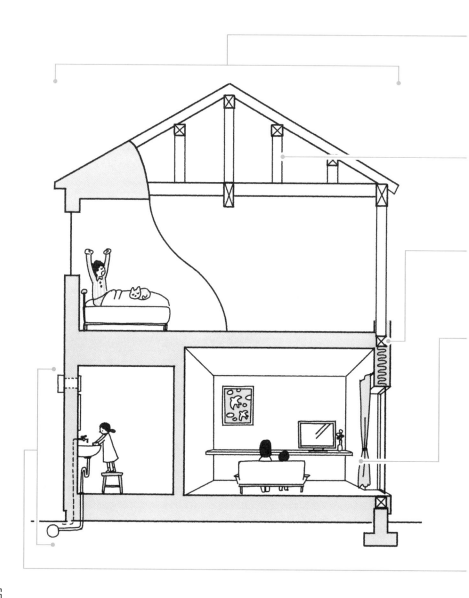

参考 **木造戸建住宅の実施設計図に含まれる成果図書（告示第98号）**

総　合	①建築物概要書　②仕様書　③仕上表　④面積表　⑤敷地案内図 ⑥配置図　⑦平面図（各階）⑧断面図　⑨立面図（各面）⑩矩計図 ⑪展開図　⑫天井伏図　⑬建具表
構　造	①仕様書　②各伏図（基礎伏図・床伏図・はり伏図・小屋伏図） ③軸組図　④構造計算書
設　備	①仕様書　②設備位置図（各設備）
その他	①確認申請に必要な図書　②工事費概算書

各図については次ページ以降で詳しく説明します。

① 建物の基本情報を示す図面

家のカルテ、プロフィールと考えて良いだろう。

□建築物概要書　　　　　　　　　□敷地案内図
□仕様書　　　　　　　　　　　　□仕上げ表
□面積表　　　　　　　　　　　　□配置図
□平面図　　　　　　　　　　　　□断面図
□立面図　　　　　　　　　　　　□確認申請に必要な図面

② 成り立ちを示す図面

骨組みに下地や仕上げ、建具などがどのように設置されるかを示す。

□断面詳細図（矩計図を含む）　　□平面詳細図
□部分詳細図

③ 見え方を示す図面

完成のでき栄えを示す。

□天井伏図　　　　　　　　　　　□展開図
□屋根伏図　　　　　　　　　　　□建具表
□立面詳細図

④ 躯体を示す図面

骨組みとその安全のための仕様などを示す。

□構造図（全般）　　　　　　　　□構造計算書

⑤ 設備を示す図面

ライフラインとも呼ばれている各種設備と配線・配管などを示す。

□設備図（全般）

　建物の基本情報が必要なときに参考になる図書一式。詳細な仕様書や各種申請許可用の図書以外は、基本設計で作成した図面をベースに修正して作成することが多い。ここでは、実施設計で主に注意すべき点を挙げておこう。

□敷地案内図　建物の位置や住所を周辺敷地まで示した図面。初見の業者でも、迷わずに敷地へ行けるような目印を示したい。

□建築物計画概要書　建築士でなくても、これを見れば、確認申請書に必要事項を記入できるくらいの丁寧さがベスト（➡ P.115）。建物の名刺がわりになるものと考えて良い。

□配置図　建築基準法の集団規定の主なものはここに記載される。法的には最重要図書。確認申請時に添付する建築計画概要書の配置図としても使われる（➡ P.206）。

□平面図　建物各階の平面図に基準法の単体規定を記入する。凡例をうまく使うと記載漏れもなく煩雑にならない。

▼**平面図の例**

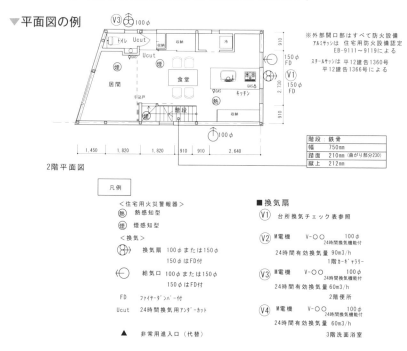

2階平面図

148

□**仕上げ表**　建物の外部・内部（床や壁、天井など）の仕上げを示した表。外壁の防火認定、内装制限、シックハウスなどの情報も記入する。

□**面積表・求積図・求積表**　敷地および建物の面積を求めるために作成した図面と表。

□**断面図**　建物を鉛直方向に切断し、GL、床高、天井高、最高の高さなどの高さ関係の情報を示した図面。申請の審査のため斜線制限の斜線を記すこともある。

□**立面図**　建物を東西南北の4方向から見た図面。外観の情報（窓の大きさ、位置など）がわかる。

□**各種申請・許可に必要な図面**　都市計画道路許可（都市計画法53条）、中高層建築物の建築に係る紛争の予防・調整関係、長期優良住宅、性能表示申請などのために作成した図面や仕様。

□**仕様書**　建材や工事の仕様を記した図書。標準的な施工内容を記した「共通（標準）仕様書」と、とくに当該工事で必要とされる項目を記した「特記仕様書」がある。構造、設備それぞれにもある。

▼**家づくりは航海みたいだ── 図面と現場と仕様書**

特記仕様書
この船特有の操作の仕方で判断しないといけない

現場
嵐になるかも。遅れても良いから進路を変えたほうが安全かも。どうしましょう？

図面
海図・進路計画

共通仕様書
強風に対して船はどう操作するかの基本マニュアル。航海時に守るべき一般的指針

建物の質を左右するこの図面は実施設計のキモとなります。躯体・開口部・見切り材・仕上げをわかりやすく描くのが良い図面です。

□**平面詳細図**　壁内の様子も描いた大きな縮尺の平面図。この図を中心に建物は仕上げられていく。煩雑にならない程度に、水平距離はできるだけ詳しく記入したい。建具の取りつけ寸法はとくに重要。柱、間柱、仕上げの断面線は太く描く。狭小地では、外構や外部メーター、給湯器なども描くと良い。

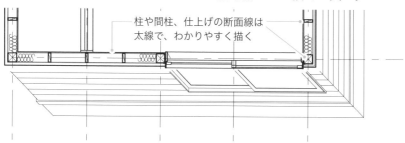

柱や間柱、仕上げの断面線は
太線で、わかりやすく描く

□**断面詳細図・矩計図**

壁内の断面の様子も描いた大きな縮尺の図面。主要な断面詳細図を矩計図とも呼ぶ。土台、梁、建具、床、壁、天井の仕上げの高さ関係の寸法がわかることが大切。

●**そのほかには**

□**部分詳細図**

一般的にディテールと呼ばれ、優秀な設計事務所は、ここが充実している。細部をどう納めるかで、それぞれの建築士事務所のスタイルも表れる。

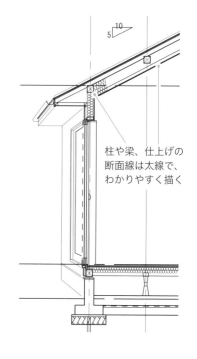

柱や梁、仕上げの
断面線は太線で、
わかりやすく描く

□展開図　室内から見た各壁面を示した図面。室内のデザインの基本となる。天井高さ、建具高さ、幅木、廻り縁、枠、額縁などの寸法は必ず記入する。

断面線は太線で描く

□建具表　窓や出入口などの建具の寸法、仕様関係を表にまとめて示した図面。もともと枠を大工がつくり、建具を建具業者に発注していたので、枠は描かないものだったが、枠と建具がセットになったアルミサッシやスチールサッシ、メーカー製建具などが一般的となり、この場合は枠とともに描く。防火設備などの機能がある場合は明記する。

□天井伏図　天井を見上げるのではなく、上から覗き込むようなイメージで描く図面（伏図）。照明の位置や吊り戸棚の位置も描く。

□立面詳細図（1/50程度のもの）　優秀な設計事務所では、軒先や壁に付属する金具や設備、壁の見切りなどを詳しく描く傾向にある。

□屋根伏図　配置図で描くこともあるが、平面詳細図と同じ縮尺の図面で詳しく描く場合もある。

●そのほかには

□家具図　造作家具の図面。設計者の説明がなくても、職人がつくることができる程度の詳しさがほしい。

□外構図　敷地内の門まわり、塀、外部床、テラスなどを描く。外部だからと疎かにしないこと。

④ 躯体を示す図面

建物の骨組み（構造部材）を示す図面で、建物を平面的に切断し、上から眺めた「伏図」と横から眺めた「軸組図」が基本。

□**伏図**

どの伏図も GL（地面）、FL（床レベル）、軒高からの高さ寸法を意識して描くことが大切。

□**軸組図**

骨組みを横から眺め、通り芯、柱のある位置ごとに描く。

□**仕様書**

鉄筋コンクリート基礎の仕様、木材仕様、接合金物仕様、木構造全般の仕様を記入する。木造住宅レベルでは「木造住宅工事仕様書」（住宅金融支援機構）などを使うのが一般的だが、事務所独自のものも作成しておきたい。

□**構造計算書**

許容応力度などによる構造計算書、簡易的な壁量計算の算定などを添付する。

□**詳細図**

配筋や金物などで注意すべき部分の詳細を描く。

小屋伏図（屋根レベル）

棟木と軒桁間を描く。束、母屋も描くが、垂木は適宜

小屋伏図（軒レベル）

軒桁とそれを支える柱位置を描く

2 階床伏図

2 階床を支える梁、上下の柱を描く。筋交い位置や金物位置も記入する

1 階床（土台）伏図

建物を支える土台を描く。柱、筋交い、アンカーボルト、金物の位置を記入する

基礎伏図

基礎の形状、配置を描く。アンカーボルトなども記入する

　電気、給排水、給湯、ガス、換気、冷暖房工事が基本だが、独自に採用する床暖房や空気循環システムなどがあれば、それらの取りつけ位置、配管・配線を示した図面なども作成すること。

□平面図　意匠の平面図を利用し、レイヤーを分けて設備器具、配管・配線、ダクトなどを太い線で描く。

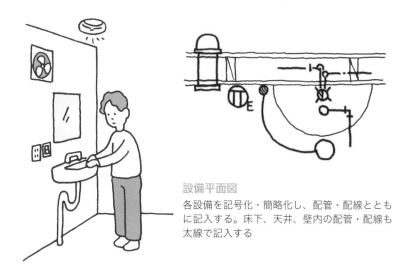

設備平面図
各設備を記号化・簡略化し、配管・配線とともに記入する。床下、天井、壁内の配管・配線も太線で記入する

□仕様書　省エネ関連の機器などを設置する場合には、とくにその機器の選定基準なども記入したい。機種変更の際の助けとなる。

□機器器具表　設備機器の型番・数量を表にしたもの。姿図と性能を記したメーカーの商品図などをそのまま図面に使うと、建築主の確認がとりやすく、間違いが少ない。

□詳細図　キッチン配管、ダクト経路、基礎貫通排水管など、とくに注意したい部分を描く。構造図、意匠図の中で示すこともある。

□系統図　設備機器がどのようにつながっているかを示す。複雑化する設備どうしのつながりを、簡明に表すことができる（➡ P.182）。

実施設計

建築士 の 基礎力 06 設計から監理へと コマを進める

建築トラブルの多くは実施設計の完了後なので、工事監理という次の段階に進む前には、実施設計の完了を建築主と確認し合うことが大切だ。

□実施設計図書の説明

実施設計の図面の主要な項目をマーカーなどで示し、建築主とともに確認する。建築主がこだわった仕上げ・設備など、性能関係の項目、金額に影響するところは明確に説明しよう。

□スケジュールの説明

依頼の可能性のある施工業者の繁閑（はん かん）情報、市場の建材価格変動による調整の時間確保、建築主のローン日程などから大枠のスケジュールを提案する。このとき、確定ではないことを忘れずに伝えよう。

□概算の説明

住宅メーカーでもない限り、住宅設計での工事用見積はこの段階では出ていない。実施設計での追加、建材価格の情勢、施工業者の繁閑などの情報から概算で予測し調整したうえで、建築主に説明する。施工業者の工事用見積と違い、あくまでも見積の査定を助けるための金額であることをここでしっかりと伝えることが重要。

□実施設計完了確認書

形式は自由だが、この書類を用いて実施設計が完了したことを書面で確認したうえで、次の段階に進むことが大切。説明した実施設計の図面は、工事の契約を交わしたあとも大事に保管してもらおう。

田中邸 実施設計図書
○○月○○日

実施設計完了確認書

実施計画を完了し監理業務に移行します。

日付
サイン

実施設計図書は現場の手間をイメージして描こう!

　1日（1人工）の職人仕事だろうか、半日だろうか、助手が必要だろうか、どんな道具や機器を使うのか、現場での仮設などの準備はどうするのだろうかなどと、一つひとつイメージしながら描いてみよう!　よりスムーズな見積チェックや工事監理ができるようになるよ。

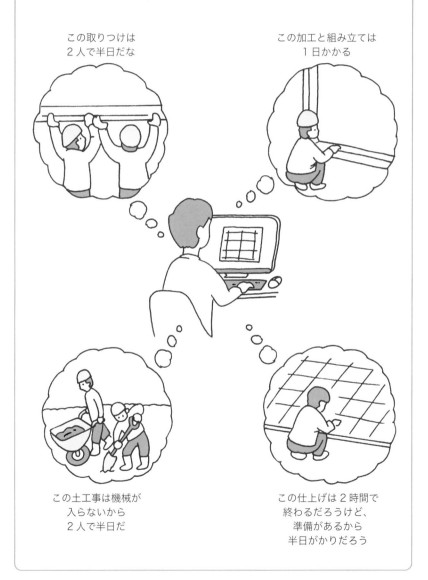

この取りつけは
2人で半日だな

この加工と組み立ては
1日かかる

この土工事は機械が
入らないから
2人で半日だ

この仕上げは2時間で
終わるだろうけど、
準備があるから
半日がかりだろう

プロの押え処

成り立ちを示す図面は スケッチのフィードバック

平面詳細図や断面詳細図（矩計図）は、構造や仕上げを手描きスケッチで確かめたうえで描くと良い。

　成り立ちを示す図面は、粗さや細かさ、スケールなどが自在に表現できる手描きスケッチで躯体、開口部、下地、仕上げ、家具の寸法を調整したうえで、CAD で描くようにすると良いでしょう。

カウンター棚を窓の額縁にキッチリ合わせたい

❶完成図をイメージする

何度かスケッチを繰り返す

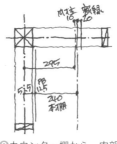

❷カウンター棚から、内部の額縁、サッシ位置を仮に決める

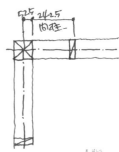

❸サッシを支える間柱の移動。問題なし！

CAD で、実際につくる順序で、構造から描く

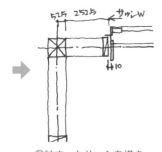

❹納まったサッシを描き、確認する

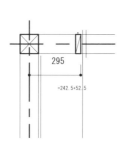

❺柱、間柱を描く

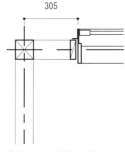

❻サッシ・額縁を描く。❶を目指して仕上げる

Kuruba's Point

プロの押え処

平面詳細図は 2種類の寸法を押さえる

平面詳細図は、基準線からの寸法か、仕上げ面からの寸法かを意識して記入しよう。

1 基準線からの寸法：構造から仕上げまでの施工に必要

基準線と構造体の寸法、サッシ・開口部の設置寸法、仕上げ面の寸法を描く。現場では基準線との関係を確認しながら施工するからだ。

配管・ダクトのある設備機器は、仕上げ前に構造を避けながら設置することが多いので基準線からの寸法で描くと良い

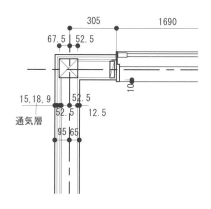

2 仕上げ面からの寸法：仕上げ後の施工に必要

家具やキッチンは壁、床の仕上げ後に設置されるので、仕上げ面からの寸法で描く。フローリング方向やタイル割がどのポイントを基準とするかも記入する。水栓やコンセント、床暖房の位置決めなどに必要となる。

狭小地では、ガスや電力メーターや給湯器、エアコン室外機の設置寸法も描いてチェックしておくと良いね

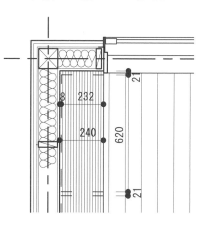

実施設計

157

プロの押え処

矩計図は高さ関係の司令塔
（かなばかり）

矩計図は高さ関係とその寸法を示す図面。高さ関係は、この図面に戻れば大丈夫なようにしておこう。

　平面上の空間の配置を示す平面詳細図に対し、高さ関係を示す図面は断面詳細図といいます。中でも、とくに重要なものは矩計図と呼ばれます。「矩」とは「垂直」の意で、大工が家づくりに必要な高さをすべて記した測り棒を「かなばかり」と呼んでいたことに由来します。

　大事なのは、床の仕上がり高さと、土台、基礎、床梁との関係です。

　軒桁、棟木、外部開口部（サッシ）まで決めれば、第一段階は終了です。木造住宅では、軒先がきれいに納まっているとデザイン的に締まったものになるので、よく検討してから描こう。
（のきげた　むなぎ）

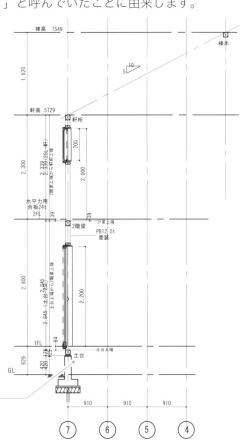

土台や2階梁から仕上げまでの寸法は、床仕上げ、下地の厚さや根太の高さ、断熱材や床暖房などの取りつけ方で違ってくるので、初期段階から検討しておく
（ねだ）

矩計図の記入ポイント

- [ ] GL、各階床、軒高、棟木ラインを描く
- [ ] 基礎、土台、胴差、軒桁、棟木を描く
- [ ] サッシを記入する
- [ ] 仕上げ材を見切る軒先、棟、水切り、見切り材を記入する
- [ ] 仕上げ・下地を記入する
- [ ] 寸法・下地・仕上げの情報を記入する

下地・断熱を
考えて屋根仕
上げを決めよ
う

屋根と外壁を
見切る軒先を
決めよう。
樋も描こう

防雨を考えた
屋根と外壁の
納まりに気を
つけよう

仕上げを決め
るための見切
り材をまず決
めよう

床仕上げを考
えて下地も決
めよう

床と掃出窓、
水切りなどの
土台まわりを
決めよう

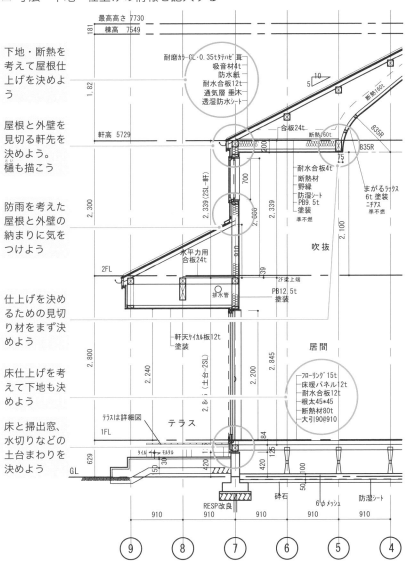

最高高さ 7730
棟高 7549
181
1.82

耐磨カラ-GL・0.35tタテハゼ葺
吸音材4t
防水紙
耐水合板12t
通気層 垂木
透湿防水シート

5 10

断熱160t

軒高 5729
合板24t
断熱160t

835R
835R
75

耐水合板4t
断熱材
野縁
防湿シート
PB9.5t
塗装
準不燃

まがるラックス
6t 塗装
ニチアス
準不燃

700
2,339 (2SL-軒)
2,600
2,339
2,300

吹抜

2,100

水平力用
合板24t

2FL
排水管
39
2F梁上端
PB12.5t
塗装

軒天ケイカル板12t
塗装

居間

2,800
2,240
2,8 (土台-2SL)
2,845
2,200
2,845

フローリング15t
床暖パネル12t
耐水合板12t
根太45*45
断熱材80t
大引90@910

テラスは詳細図
1FL
テラス

84

629
GL
タイル
モルタル
420
125
420
50 100

910 910 910 910 910

RESP改良

砕石
6φメッシュ
防湿シート

⑨ ⑧ ⑦ ⑥ ⑤ ④

1 2 3 4 5 6 7 8 実施設計

プロの押え処

ワンランク上の展開図で監理をスムーズに

展開図には見えるものすべてを記入しよう。器具などの設置に影響する下地や筋交いも記入しておくと良い。

　展開図とは室内の壁面を描く図面のこと。断面は太い線でしっかりと描き、高さ寸法を明確に記入します。開口部まわり、造りつけ家具、幅木（はば）や廻り縁（まわ・ぶち）は基本の記入事項だが、スイッチ、コンセント、照明、換気扇、エアコンの形状・位置なども記入しておくと、現場での打ち合わせがスムーズになります。

　また、完成後に配置する予定の冷蔵庫、家具、テレビなどは破線で描き、コンセントなどとの整合性を保つようにすると良い。柱・梁・筋交い（すじ・か）・間柱（ま・ばしら）などとの取り合いが厳しい換気扇などは、下地の線を入れておくと調整がしやすい。

▼展開図の例

換気扇の穴は100φのパイプが通る穴をあけるので、耐力壁の場合はあける位置が問題ないか確かめる

Ｐレールが、上部窓のブラインドにあたらないように配置している

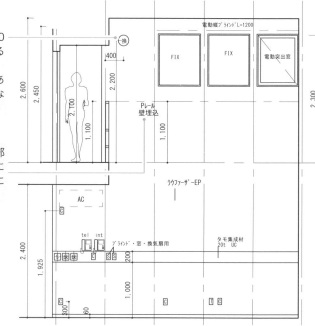

▼壁かけテレビの補強下地の例

テレビのおおよその位置に少し大きめの合板下地を入れ壁かけテレビの補強とする。コンセントやテレビのアウトレットの細かな位置は、テレビの種類が未定の場合、現場で建築主と決めることを注記で入れよう

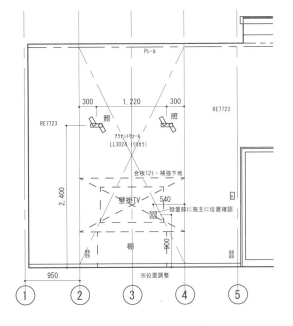

▼給気口を目立たないように設置した例

和室内の給気口を座ったときに見せたくないという建築主の要望に対して、床の間の筋交いを避けた位置に給気口の設置を指示した図面

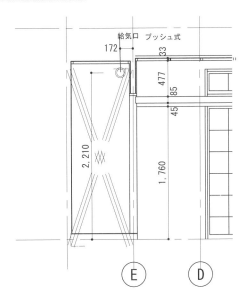

プロの押え処

外部立面図には、取りつくものはすべて描く

縮尺 1/50 で描いた建物の外観図に見切り材、目地、設備機器、樋など壁に取りつくものすべてを描こう。

建物の外観を横から見た外部立面図は 1/50 以上の縮尺で描くと、外壁材の割りつけのほか、水切り、手摺りや金物といった壁に取りつくものを丁寧に描くことができるので、描き込むと良いでしょう。壁つけアンテナ（下地補強）や電気引込み、給湯器、エアコン（AC）室外機なども描きたいところ。しっかり調整して描くことができれば、整った立面の建物が完成します。

▼外部立面図のポイント

笠木や金物なども描く。わかりにくいときは部分詳細に

バルコニー、排水、出口と樋の調整

給湯器は隣地の窓との距離も大事。コンセントも描く

樋も必ず描くこと

換気扇位置

エアコン室外機配管の出口も

軒高

FIX　FIX　FIX

耐磨カラ-GL-0.35tタチバゼ　置

物干し別図詳細
スチ-ル&フレ-ム

FIX　FIX

笠木　耐磨カラ-　加工

2FL

軒先
耐磨カラ-GL-0.35t

塩ビ樋

100φ　パントキャップ

ジュクリバンド

湯沸器

湯沸用コンセント

AC室外機

1FL
土台上樋

水切

(A) (B) (C) (D) (E) (F) (G) (H)

凹凸のある立面の場合は、それぞれの面を描いた
立面展開図にしても良い

162

プロの押え処

木造建物の耐久性は通気にかかっている

日本の建物は湿気と結露対策が必須。木造建物では、木軸外壁側に通気の処理をすることがその予防となる。

外壁や屋根、床（基礎）は建築物省エネ法では外皮と呼ばれます。その部分の通気の処理は、木造住宅の耐久性に大きく影響します。構造材には空気の流れるところ（通気層）をつくって、構造材に流れる空気を触れさせることが大切です。

とくに通気層の排気部分は、水侵入の対策とあわせて考えて設計をしたい。

▼充填断熱の例

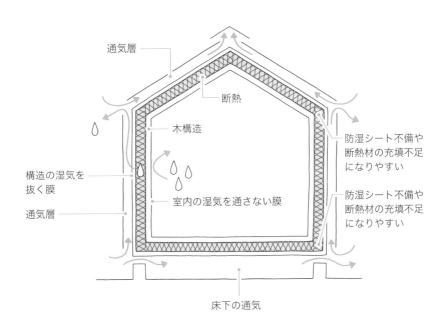

通気層

断熱

木構造

構造の湿気を抜く膜

通気層

室内の湿気を通さない膜

防湿シート不備や断熱材の充填不足になりやすい

防湿シート不備や断熱材の充填不足になりやすい

床下の通気

プロの押え処

断熱は隙間のない設計をする

断熱や防湿シートの切れ目は結露の巣窟になる可能性がある。気をつけたい箇所は詳細図に記しておこう。

▼気流を止める

室内の湿気を含んだ空気や外気が断熱層を通って室内側に流れ込まない構造にする旨を、仕様書に注意事項として記入しておくこと。詳細図で描いても良い

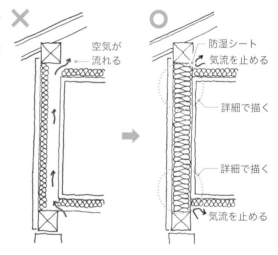

空気が流れる

防湿シート
気流を止める

詳細で描く

詳細で描く

気流を止める

▼充填断熱では

UB（ユニットバス）の下部が断熱の切れ目となる可能性が高い。詳細図では、切れる部分の断熱材を明確に記入しておこう。玄関の土間部分も同様に

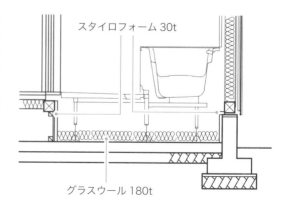

スタイロフォーム 30t

グラスウール 180t

プロの押え処

空間にフィットした家具に挑戦しよう

空間に合わせた造りつけ家具の満足度は高い。設計者の手間は増えるが、要望があれば挑戦しよう。

　設計した造りつけ家具を発注する方法は2つあります。**家具制作の業者に発注**する方法と、**職人が箱型をつくり、建具業者もしくは職人が扉や引出しなどを製作**する方法です。どちらが良いのかと問われれば、技術と金額のバランス次第というしかないので、施工業者次第です。

　まずは丁寧に図面を作成し、どれくらいのものが必要かを把握することが大切です。

▼ **カウンター棚と扉つき棚の例**

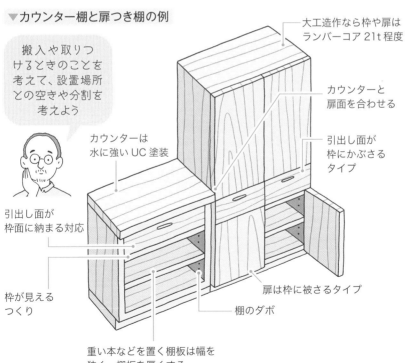

搬入や取りつけるときのことを考えて、設置場所との空きや分割を考えよう

大工造作なら枠や扉はランバーコア21t程度

カウンターと扉面を合わせる

引出し面が枠にかぶさるタイプ

カウンターは水に強いUC塗装

引出し面が枠面に納まる対応

枠が見えるつくり

扉は枠に被さるタイプ

棚のダボ

重い本などを置く棚板は幅を狭く、棚板を厚くする固定棚のほうが強度は出る

プロの押え処

キッチン設計は もっとも適切な選択を考えたい

建築主の希望を描いてみて、既成品で満足できるか、一部制作といった選択もあるかを考えると良い。

　キッチン設計では、**メーカー既製品**、**キッチン業者に依頼**、**設計者の設計**の3つが主な選択肢です。しかし、どの選択肢にするかを決める前に、まずは建築主の理想のキッチンを大枠の図面に描いてみることをオススメします。すると、「既製品でもいいけど、このごみ箱が納まる棚がないのはチョット……」など、建築主の希望がはっきりします。このようなときは、**既製品＋設計の造作棚**という方法も選択肢に加え、もっとも適切な方法を考えましょう。

　また、もし「シンプルなキッチンが良いな」という建築主であれば、難しくないのでぜひ設計にも挑戦してみてほしい。

▼既製品＋設計の例

ごみ箱や調理器具の配置にこだわりがあったので、一部造作棚に。扉面材を既成品のキッチンに合わせるのがミソ！

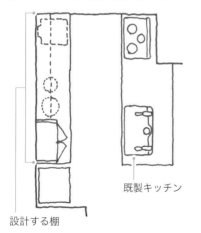

設計する棚

既製キッチン

▼シンプルなキッチンの例

ステンレス天板は製作業者に、天板の厚さ、シンクの形状、天板の仕上げなどを打ち合わせして発注。大工がつくる枠の上にのせればOK

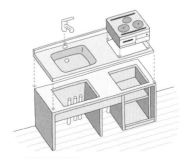

ガス台、食洗機などの設置法、配管配線に気をつければ、経験がなくても、決して難しくはないよ

プロ の 押え処

設計を終える前に防犯をチェック

安全は構造だけじゃなく、防犯も大切。セキュリティシステムに頼る前に設計でできる対策はしておこう。

防犯対策は、建築物の性能評価10項目のうちのひとつ。それくらい大切です。中でも、①開口部対策、②視線対策、③アクセス対策、④防犯設備の4つは欠かせません。

泥棒の悪知恵には到底勝てないけれども、目いっぱい意地悪になって泥棒の嫌がることを考えるのは、設計時の楽しみになるかもしれません。

これは私の経験ですが、二世帯住宅は玄関がふたつあり、屋内で行き来ができ、生活行動も違うので防犯対策、セキュリティシステムは結構難しい。2世帯で生活パターンをしっかり話しておきましょう。

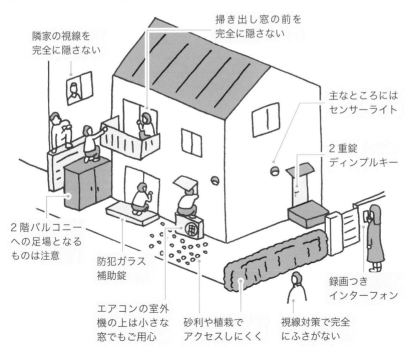

隣家の視線を
完全に隠さない

掃き出し窓の前を
完全に隠さない

主なところには
センサーライト

2重錠
ディンプルキー

2階バルコニー
への足場となる
ものは注意

防犯ガラス
補助錠

エアコンの室外
機の上は小さな
窓でもご用心

砂利や植栽で
アクセスしにくく

視線対策で完全
にふさがない

録画つき
インターフォン

実施設計

167

Kuruba's Point

プロの押え処

高齢者の生活を
イメージした設計でスキルアップ

高齢者の生活を意識した設計は気づきも多く、心地良い
空間設計の実践となる。丁寧に希望を聞き出そう。

手摺り

形状、高さ、素材は個別の
状況に合わせて考える。丸
い木だけで考えない

丸 四角

つかめる 手を置く

肘で歩く

この高さ
が大切

段差

小さな段差は危険だが、大
きな段差は座れるベンチに
もなる

床

フローリングが良いと決め
つけず、コルク素材やカー
ペットなども選択肢に

玄関

ベンチと手摺りをつけると、靴の着脱が
楽になる

スイッチ

手摺りの近くに
あるとわかり
やすい

建築主の事情はいつも特殊であるということを頭に入れて考えよう。
次のような視点も大切ですよ！

● 照明を明るく調整できるようにする
● 壁面の色に変化をつけて空間をわかりやすくする
● 汚れの目立たない壁面にする
● 壁などの触ったときの感触を考える
● コーナー角の面取りをする

プロの押え処

安全の要❶
構造材を知る

躯体構造の要となる部材のうち、木材と鉄筋コンクリートの質を確保するポイントを押さえておこう。

木構造の木材を選ぶ4つのポイント

　木造住宅の構造は、「木造住宅工事仕様書」（住宅金融支援機構）が参考になります。とくに注意したい事項は、現場でもすぐわかるように図面・仕様書に明記しよう。その判断のためのポイントは次の4つです。

1 含水率と乾燥

　構造用木材については、含水率25%以上の高い状態が続くと腐朽やシロアリの食害が心配です。JAS（日本農林規格）では15%から20%が含水率の基準値となっていますから、構造設計者の指示がなければ含水率20%以下の木材を使用すると良いでしょう。

　含水率20%の木材は「D20」のように表示されます。現在は、含水率が適正に管理されて製品化されている人工乾燥材が主流ですが、樹種や乾燥法によって品質にはいくらかの幅があります。

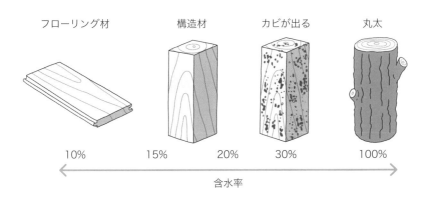

フローリング材	構造材	カビが出る	丸太
10%	15%　20%	30%	100%

含水率

2 ヤング係数と強度

　JAS では、木材の固さ（変形しにくさ）を示すヤング係数によって木材の強度を設定しています。木材に「E90」と記されていれば、ヤング係数「7.8-9.8kN/mm²」であることを意味しますが、このデーターをもとに圧縮・引張・曲げ強度などを予測するのです。

　同じ樹種であれば、ヤング係数の数値が大きいほど強く固いといえるのですが、樹種が異なると同じヤング係数でも強度が違うため、「E○○」の数値だけで強度判断しないように！

▼木材強度等級は樹種＋ヤング係数

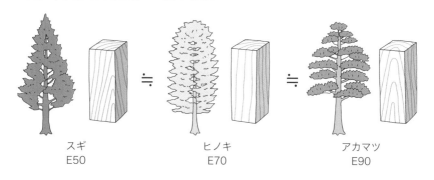

|スギ|ヒノキ|アカマツ|
|E50|E70|E90|

スギの「E50」とヒノキの「E70」、アカマツの「E90」の圧縮・引張・曲げ強度は同じくらい。だからといって、「スギがヒノキやアカマツより強い樹種」というわけではありません！

ヤング係数（率）って？

　ヤング係数は、木材などの素材の弾性（変形してももとに戻る）範囲での「変形しにくさ」を示す数値。値が大きくなるほど変形しにくく強度も大きくなると考えて良いけれど、値が倍になると強度も倍になるのではないので間違えないように注意。

　ヤング係数は基本的に素材の引っ張り、圧縮に対するひずみのことだが、木材の場合「曲げヤング係数」によって、等級分けがされている。弾性範囲内のひずみ率なので、弾性係数（率）という呼び方も使われている。

　単位は、N/mm²（MPa）、kN/mm²（GPa）。

❸ JAS認定材等級と無等級材

　木材には、強度、品質によって区分された等級があり、節や割れなど見た目によって区分された「目視等級」と、強度を測る専用の機械によって区分された「機械等級」の2つに分けられます。

　JASによる等級区分がおこなわれていない木材は、無等級材と呼ばれます。ただし、無等級材とはいえ、建築基準法（建告1452号）で樹種ごとに強度は決められており、許容応力度計算も可能です。

　たとえば、JASの機械等級材のスギ「E70」は、無等級材の3割増しの強度が設定されているので、効率の良い構造設計が可能です。ただし、無等級材はばらつきを予想した強度であるため、かならずしもJAS等級材より弱い木材ということではありません。それを理解したうえで、JAS等級材か無等級材かを指定しよう。

無等級材っていうけれど、
いい加減な木材という
わけじゃないんだね

JAS材は等級が
しっかりしているから
合理的に使えるな

JAS認定材		強度小 ⟵⟶ 強度大
目視等級材	甲種（梁材など）	3級　　2級　　1級
	乙種（柱など）	
機械等級材		E 50　　E 90　　E 110　　E 150
無等級材		建告1452号による無等級規定 針葉樹4種、広葉樹2種について基準強度が 規定されている

❹ 無垢材と加工木材

　二次加工された木材は EW（エンジニアード・ウッド、エンジニアリング・ウッド）と呼ばれます。工場管理のもとで加工されるので安定した強度が望め、中高層建築にも使われます。合板・集成材は木造住宅でもよく使われますが、ほかにも多様な加工品があることから、仕様書で「EW」も多く指定されます。

　無垢材は、実績のある素材ですが、乾燥や強度にばらつきのある天然乾燥材の場合、含水率を指定する必要があります。また、人工乾燥材についても、乾燥法は多様なので、発注時に木材サンプルを確認する旨を仕様書に記入しておいたほうが良いでしょう。

▼一般合板・集成材以外の構造用EW

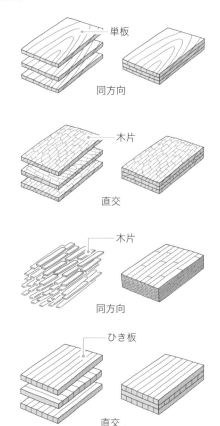

LVL
Laminated Veneer Lumber
単板（薄板材）を繊維方向に合わせた長尺の材。構造の軸材に使われる

単板
同方向

OSB
Oriented Strand Board
ストランド（木片）を接着剤で板状にした合板。構造用のパネルなど一般的な合板と同じように使われる

木片
直交

PSL
Parallel Strand Lumber
ストランド（木片）の繊維方向を揃えて積層接着した材。構造材として使用されている

木片
同方向

CLT
Cross Laminated Timber（直交集成材）
ひき板を繊維方向に並べた層を直交させて積層した厚みのある板材。中規模建築物の構造材としても注目されていて、2016 年 4 月に CLT 関連の建築基準法告示も出ている

ひき板
直交

基礎の安全を決める鉄筋コンクリートの3つのポイント

　木造住宅の基礎は鉄筋コンクリート造。「建築工事共通仕様書」（国土交通省大臣官房官庁営繕部監修）を参考にすると良い。ここでは、3つのポイントを押さえておこう。

① コンクリート強度5つ

　設計段階で決まる「設計基準強度」と「耐久設計基準強度」、実際に目標とする「品質基準強度」の3つを仕様書に記入します。実際の現場では、外気温などさまざまな要因により強度が変わるので、「呼び強度」（調合管理強度）を知っておく必要があります。

設計基準強度	21N/mm²	
耐久設計基準強度	24N/mm²	どれくらいコンクリートを長もちさせたいかで決まる数値

↓ 大きいほうを採用！

品質基準強度	24N/mm²	これが目標の強度だ！

↓

調合管理強度（呼び強度）	27N/mm²	気温が低いときの打設では強度を上げて強度を確保する

↓

調合強度	27N/mm² $+ \alpha$	※調合管理強度を実現するための工場の調合

② コンクリートの検査

　コンクリート配合計画書、打設時のスランプ値、圧縮試験報告書の提出などを仕様書に指示しておく。

③ 鉄筋の仕様とかぶり厚さ

　鉄筋は通常、異形棒鋼（JIS　G31112の規格品）が使用される。構造計算では、鉄筋の種類を示す「SD295A」「SD345」などを明記し、ミルシート（鋼材出荷の証明書）で確認します。また、かぶり厚さは現場の重要確認事項です。数値を仕様書で明示しておきたい。

プロ の 押え処

安全の要❷
接合を知る

構造の接合は、現場での重要な確認事項。木造住宅で梁材を見せるような設計ではとくに注意しよう。

釘 の 種 類 と 強 度

耐力壁に使う釘は細かく指定されています。監理の際すぐにチェックできるように図面に明記します。釘の種類は色で区別できるものもあるので、種類とともに色も記しておくと現場が楽になります。

▼釘の種類と色

	N 在来用合板 耐力壁用	**CN** 2×4用合板 耐力壁用
50mm	N50 **黒**	CN50 **緑**
75mm	N75 **黄緑**	CN75 **青**

そのほかに金物用のZN、石膏ボード用のGNも覚えておこう

ビ ス の 種 類 と 使 用 用 途

最近は、釘のかわりにビスが使われることが多くなってきています。いろいろな種類があるので、使用用途に合わせて選んでいけば良い。

接合金物用は専用のビスを明記する。耐力壁用は合板用、PB用ともに国交大臣認定のものがあるので認定番号の明記が必要です。

また、雨ざらし部分にステンレスビスを使うときには仕様書で指定しておきたい。頭が六角形のラグスクリュー（コーチ）ボルトは木ネジより強度が出るため、手摺りなどを固定するために使われるものなので、使うときには図面に記入しておきたい。

接合金物の認定

接合金物は、建告第 1460 号の規定に合致した Z マーク金物に加え、D マーク、S マークなどの認定金物が使えます。各メーカーが施工性などを考慮し独自に開発した金物は、使用可能な認定を受けているものかを確かめたうえで指定しよう。そのひと手間で施工がスムーズになります。

建告 1460 号仕様に合致

 Z マーク品
軸組構法用

 C マーク品
枠組工法用

（公財）日本住宅・木材技術センター規格金物

 D マーク品
同等認定

 S マーク品
性能認定

（公財）日本住宅・木材技術センター認定金物

性能試験品

メーカーが開発し、第三者機関が認定した金物

※ X（クロス）金物は CLT 用

接着剤の種類

建築で使う接着剤は多様なうえに、日進月歩の化学製品なので、すべてを把握するのは難しいものです。必要なときに、その都度仕様書に記入すれば良い。ここでは、基本的なものをいくつか挙げておこう。

木工用ボンド
（酢酸ビニル樹脂系エマルジョン）

●職人が使う

コンクリート用ボンド
（コニシK120など）

●コンクリートに表札を接着

ブチルゴム系

●防水気密用

変成シリコーン系

●汎用性がある

合板、加工板材の接着剤

● （P）構造用でフェノール系
耐水性は高い

● （M）コンパネなどでメラミン系
耐水性は中くらい

● （U）内装用でユリア樹脂系

集成材の接着材

●レゾルシノール樹脂（ホルマリン）系
比較的水に強い

●水性高分子（イソシアネート）系
ノンホルムアルデヒド

プロの押え処
木造の伏図は金物の記入が ポイント

構造図で重要な伏図には、柱・梁の材種・寸法とその組み方だけでなく、金物の種類と取りつけ位置を記入する。

施工時、プレカット図を迅速にチェックするには、構造図で金物の位置と仕様を明確に示しておくことが大切です。

▼基礎伏図（布基礎）

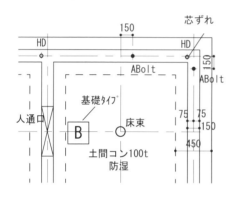

埋込みアンカーボルトと HD（ホールダウン）金物用ボルトの位置が重要。HD 金物用ボルトについては、詳細図を描き、現場で設置確認がしやすいようにしておきたい

▼1階床伏図

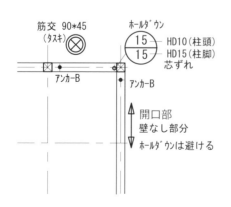

HD 金物用ボルトとアンカーボルトの位置、柱頭・柱脚 HD 金物仕様。接合金物が開口部の邪魔になることもあるので、耐力壁と開口部の位置がわかるようにしておくと良い。土台の継手は、一般的な構造材の長さ（4m）を意識してアンカーボルトの位置を決める。2 階床伏図では梁上端の高さも記入しておこう

プロの押え処

軸組図からわかることを
チェックする

軸組図は構造を横から見た図面。伏図では伝わりにくい
ことを具体的に記せるので詳しく描いておきたい。

軸組図は、建物の骨格や柱梁の位置などを横から示した構造図のひと
つ。耐力壁のバランス、梁の継手、開口部用の下地、柱の芯ずれ、天井
との取り合い、接合金物の取りつけなど、伏図では意識しにくい部分を
主にチェックできます。この図面があると監理もしやすくなります。

▼勝手口にサッシを取りつける——基礎の出は邪魔になっていないか

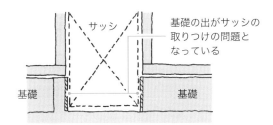

サッシ

基礎の出がサッシの
取りつけの問題と
なっている

基礎

基礎

基礎の出（出っ張り）が邪魔になるようならば、
出を小さくしたり、基礎を芯からずらしたりして対応しよう

▼大梁がもうひとつの梁の受けとなる——天井の邪魔になっていないか

軸組図に天井ラインを
入れて、梁の出っ張り部分
をカットする指示を記入する。
この図の場合、カットして
も構造的には問題ないよ

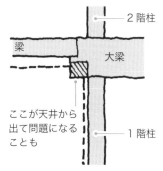

2階柱

ここが天井から
出て問題になる
ことも

1階柱

プロの押え処

新しい金物には詳細図があると良い

新しく採用する構造用金物は、監督や職人は現場で初めて知ることも多い。必ずディテールを描いておこう。

構造用金物は、施工前に指示しておいたほうが良いものが結構多い。現場で間違って設置されると構造耐力に影響することもあるので、詳細図で明確に示しておこう。

▼施工の容易なホールダウンを採用する場合の詳細図

基礎は耐圧盤と立ち上がりを分けてコンクリート打設しますが、1回目の耐圧盤の打設時に太く長く伸びたアンカーボルトを正確に動かず固定するには工夫が必要です。そんなとき、埋め込み長さが短く、十分な耐力のあるものを使えるなら、設置も楽になるので使ってみるのもあり

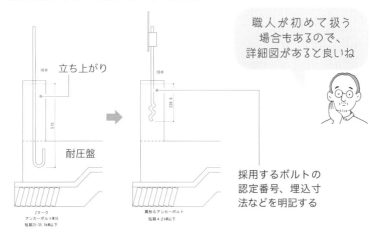

職人が初めて扱う場合もあるので、詳細図があると良いね

立ち上がり

16Φ

510

耐圧盤

Zマーク
アンカーボルトM16
短期25〜35.5kN以下

16Φ

228.6

異形Sアンカーボルト
短期4.2kN以下

採用するボルトの認定番号、埋込寸法などを明記する

▼土台座金を採用する場合の詳細図

土台上部のナット部分が仕上げで邪魔にならないよう、土台上面より出ないものを採用する。穴の大きさが大切な情報となるので、間違わないように詳細図を描いておく

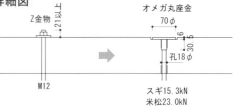

Z金物

土台121㎜

M12

オメガ丸座金

70φ

孔18φ

6
30.5

スギ15.3kN
米松23.0kN

178

プロの押え処

躯体の穴あけには気をつける

構造体には穴をあけないのが原則。配管を通すための穴
が必要なときは補強方法も図面に示しておく。

　木造柱・梁の貫通は材自体の節や亀裂などもかかわるため、監理者・
構造設計者にとっても、とくに判断が難しい。アンカーボルトの穴18
φ程度までなら、監理者の判断で適切な位置を決めても良いと思うが、
その判断基準については仕様書に明記しておく。穴の位置やφ（外径の
直径）などとともに補強方法についても示しておくことが必要です。

▼基礎の設備用スリーブ管の作法

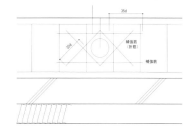

注意事項
- ●スリーブ間隔は径の3倍以上
- ● 80φ以上のスリーブには補強筋を配置
- ●配筋と接触させない（防錆対策）
- ●スターラップを切断しない

▼柱の穴あけの例

柱幅の 1/3 の範囲で、18φ以下。
細長比に余裕がある場合なら監理者と
相談して判断する

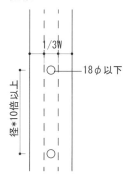

▼梁の穴あけの例

節・亀裂・欠損付近は避ける。
間隔が1間超の場合は構造設計者の判
断が必要

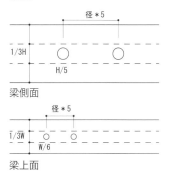

プロの押え処

鉄筋やボルトの
交通整理をしておこう

鉄筋の太さや金物の寸法によっては、現場で不適切な配置がされないように図面を描いておくことも大切だ。

鉄筋とボルトとかぶり厚さの例

13mm、10mm 鉄筋とホールダウン（HD）金物用ボルト 16φを、かぶり厚さも考慮して正確に配置するには知恵も必要です。

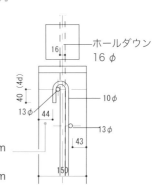

かぶり厚さ
- ■土に接する部分
   立ち上がり外 40mm　耐圧下 60mm
- ■土に接しない部分
   立ち上がり内 30mm　耐圧上 40mm

ホールダウン金物と筋交いの取り合い詳細図の例

ホールダウン用のボルトは、指示がなければ基礎・土台の中央に設置されます。この例のように、筋交い金物を柱内に設置するには、ホールダウン金物を少し移動させるしかない。先行して指示を出さないと現場で混乱が起きてしまうので、実施図に明記しておきたい。

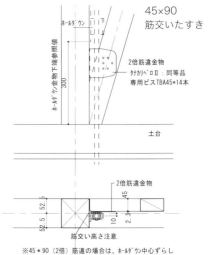

プロの押え処

設備の仕様書は3つに分けて整理する

設備に関する仕様は、法律関係、省エネ関係、事務所独自の3つに分けて整理したほうが実務には役に立つ。

Kuruba's Point

　木造住宅の設備は、構造と同じように外注であっても、意匠設計者が現場で判断しなければならないことがほとんどです。3つの区分で整理することで、確認申請、検査、現場監理に役立つ仕様書になります。

法律関係の仕様：確認申請や検査に必要な項目

木造では、確認申請の平面図などに付記することも多い。
- 給排水設備…配管材（塩ビ・ポリブデンなど、水道法による）、排水勾配、管径算定（水道局規準による）、排水トラップの適切設置、ウォーターハンマー防止、通気管の設置、吐水口距離確保、防火壁などの貫通部処理などの記入
- 換気設備…キッチン排気ダクトの仕様、給排気口の防虫処理、ファイヤーダンパーの設置、火気使用室の換気設備、24時間換気設備、ガス給湯器などの適切設置などの記入
- 電気…住宅用火災警報器の記入

省エネ関係の仕様：省エネの説明や関連申請などの項目

採用する省エネの仕様に従い、注意点を明記する。性能表示、長期優良住宅、ZEH、HEAT20、LCCM、Q1住宅などの性能や申請に合わせて作成する。

事務所独自の仕様：事務所が現場監理や見積に必要とする項目

たとえば、配管種類、配管配線の注意事項、キッチン配管の位置の係員確認、スイッチ・コンセント高、スイッチプレートの指示、躯体欠損の注意点、設備器具の電源など、現場監理がスムーズに進むように設計者が記入する。現場ごとにブラッシュアップすると良い。

プロの押え処

入り組んだ配管や配線を図式化する

複雑化してきている配管や配線は平面図だけでは伝わりにくい。図式化して適切に伝えよう。

　住宅では、とくに給排水・給湯・ガス配管と弱電の配線が複雑です。図式化した例を見てみよう。

給排水・給湯・ガス系統図の例

　設備機器がどのようにつながっているかを明確にする系統図があれば、現場で変更などがあっても、本筋を外れず適切な打ち合わせができる。

給水管、排水管、通気管のつながりがよくわかる。この建物は兼用住宅なので、電気メーター、水道メーターの分け方、外部の水栓の扱い(2階住宅扱い)などがわかる

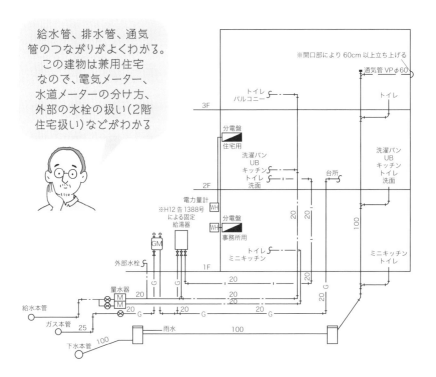

弱電のシステム図の例

　情報関係の設備は日進月歩、工事途中で変更があると、途端に頭がこんがらがってしまうのが実情です。建築主と打ち合わせた内容をこのような図にまとめておけば、建築主の意図を守りながら変更などにも対応しやすくなります。

▼IT通信システム図

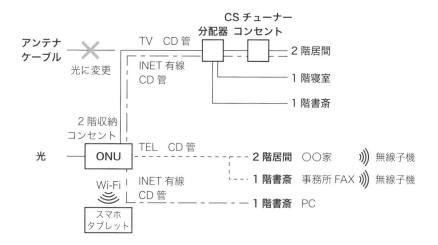

このシステム図から、
初めはアンテナかケーブルで
テレビを、インターネットは
ケーブルか光で対応予定
だったが、のちに電話、テレビ、
インターネットのすべてを光で
対応するように
変更したことがわかる。
このような図があれば、どこに
どんな機器を設置すれば良い
かが一目瞭然でわかりやすく、
間違いも少ない

どこから来ている線？
どの機器にどこでつなぐんだ？

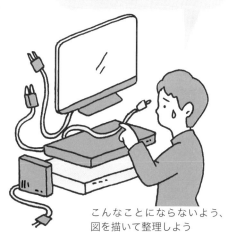

こんなことにならないよう、
図を描いて整理しよう

実施設計

プロの押え処

ダクトや配管の経路で設計を台なしにしたくない

太いダクトや配管の経路を考えて設計しておかないと、
現場の対処によって構造を傷めてしまうことも。

　給水管、ガス管、CD管（後配線用）、エアコン配管などは、太くないので家具の裏を使ったり、胴縁で壁をふかして壁裏に隙間をつくったりして経路の確保ができることもあります。そのため図面にその旨を指示すれば現場でも対応可能なことも多い。

　しかし、ダクトや太い排水管は詳細図などに描いておかないと問題が起こることも多いので注意が必要です。私の経験ですが、2階の便器の排水管の下部接続空間が狭く下地または梁に接して排水音が響く可能性があると判断し、スペースを確保するために現場で1階の天井を少し低くしたことがあります。キッチンダクトも太いので要注意ですね。

▼キッチンダクトは太い150φ

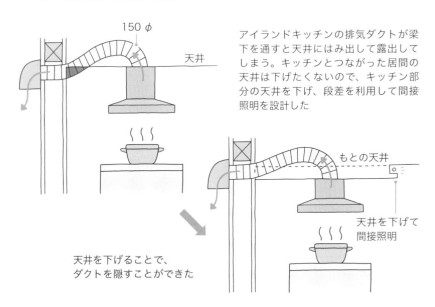

150 φ
天井

アイランドキッチンの排気ダクトが梁下を通すと天井にはみ出して露出してしまう。キッチンとつながった居間の天井は下げたくないので、キッチン部分の天井を下げ、段差を利用して間接照明を設計した

もとの天井

天井を下げて
間接照明

天井を下げることで、
ダクトを隠すことができた

プロの押え処

音は完全には止まらないと心得よう

音の固体伝播（でんぱ）は厄介だ。構造体を振動させてしまうとある程度の音は伝わると想定して、吸音と遮音を考えよう。

　防音は、音を小さくし（吸音）、伝えないようにする（遮音）ことが大切です。

　構造体が比較的軽い材である木造や鉄骨造では、防音対策をしてもある程度音は伝わってしまうと、建築主に伝えておきましょう。それを踏まえ、上下階の部屋の配置や床材種類、排水管の防音、配管と床・躯体との絶縁などを考えて設計しよう。

防　音	＝	吸　音	＋	遮　音
		やわらかいマット状素材		重くて密な素材

▼木造の床の例

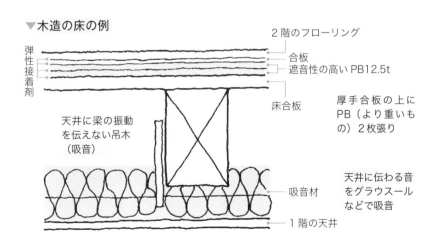

弾性接着剤

天井に梁の振動を伝えない吊木（吸音）

2階のフローリング
合板
遮音性の高い PB12.5t
床合板
吸音材
1階の天井

厚手合板の上にPB（より重いもの）2枚張り

天井に伝わる音をグラウスールなどで吸音

プロの押え処

排水管には空気の抜ける管も必要

勢いよく排水が流れると、排水トラップの封水が引っ張られ、排水管のにおいが部屋に充満してしまうことも。

　排水トラップは洗面器、洗濯機パン、キッチンシンクの排水管に設置されています。**この排水トラップに溜まった水を「封水」と呼び、排水管のにおいや虫をシャットアウト**してくれます。

　近年は2、3階に浴室や洗濯機が設置されることが増えましたが、2階以上の浴室などから大量の排水が流れると、その階以上にある洗面器などの封水が引っ張られ、「封水切れ」が生じます。この対策は、**排水管に通気管を設ける**ことで解消します。ただし、通気管の通気口は排水管のにおいが出るところなので、窓下、窓脇は避けなければいけません。設計段階で経路を考えておくことが大切です。

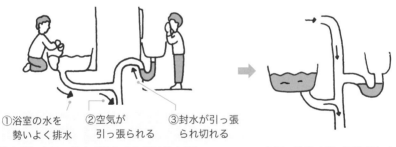

①浴室の水を勢いよく排水　②空気が引っ張られる　③封水が引っ張られ切れる

排水管に大量の排水が流れると同じ排水管につながる封水が引っ張られ、においが部屋に充満する

空気の抜ける管（通気管）をつけて解決

くさい！

通気管の通気口

通気管の通気口は窓の下や近くにつけてはいけない。においが窓から入ってしまう

※通気管機能を屋内で処理できる通気弁（ドルゴ通気弁）も、住宅では一般的に使われている

プロの押え処

分電盤のまわりは配線の交通渋滞

分電盤にはたくさんの電線がつながっている。配線空間を確保して配線の交通整理をしよう。

　電気は道路の電柱から太い引き込み線でメーターを経由し、室内の分電盤につながります。各部屋の照明やコンセントに電気を分配する分電盤の裏は、小指程度の平べったい電線（灰色のF（VVF）ケーブル）が20本以上集まります。

　この配線を交通整理するのも設計の大事な仕事です。木造の柱・梁や断熱材の欠損を避ける必要があるからです。

▼分電盤の裏は？

分電盤の裏には、両手でつかんでやっとの量の電線が集まっている

こんなにたくさんの配線を受ける分電盤を外壁側に直接つけたら……壁の断熱材が悲鳴をあげるね

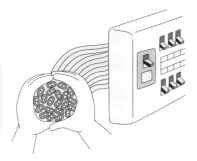

▼家具で対応してみよう

家具の裏を底上げして配線のスペースをつくると配線の交通整理ができる。
分電盤も表から見えなくて良いね

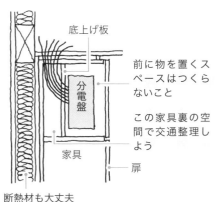

底上げ板

前に物を置くスペースはつくらないこと

分電盤

この家具裏の空間で交通整理しよう

家具

扉

断熱材も大丈夫

空気線図に親しんで
結露対策

断熱にはもれなく結露対策がついてくる

　省エネの時代です。空気の温度と湿度の関係を示した空気線図に親しんで、設備関係の打ち合わせをより有意義にしよう。

　結露はカビや腐食の原因にもなるので、設計者としても、湿度の知識をある程度頭に入れたうえで、設備関係の打ち合わせをしたいものです。そのためには、空気線図の基本的なことを理解しておくと良いでしょう。

▼空気線図とは？

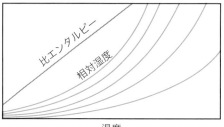

空気中の温度と湿度の関係がわかる、空調の基本図。温度は乾球温度のことで、日常的に使う温度。水分量は、絶対湿度のこと。エンタルピーは熱含量、全熱とも呼ばれ、水蒸気を含んだ空気の顕熱と潜熱の合計で、顕熱、潜熱の計算に使われる。

▼結露が生じるプロセス

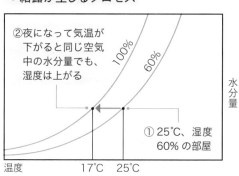

寝静まったころ温度が下がり、一番冷える窓に結露する。

このグラフから、25℃で60%の空気中の水分は17℃では100%となり結露することがわかるね

目指せ街場の建築家 ❷　もっと深めたい！

気持ち良い温度は何次第？

"快適さ"にはどんなことがかかわっているのか

快・不快の捉え方は人それぞれだ。とはいえ、何らかの基準はほしい。快適さにかかわっているものを理解して設計に生かそう。たとえば、温度の感じ方は、気温、湿度、放射、気流、着衣量、代謝量などがかかわることが知られています。

評価法としては、作用温度（OT）、新有効温度（ET*）予測平均温冷感申告（PMV）、不快指数（DI）などがあり、どれも一長一短ですが、快適性の基準として役立っていることは確かです。

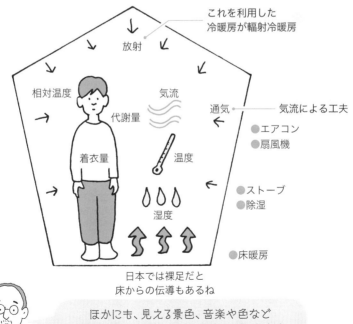

これを利用した冷暖房が輻射冷暖房

放射

相対温度　気流

代謝量

通気　　気流による工夫
　　●エアコン
　　●扇風機

着衣量　温度

　　●ストーブ
　　●除湿

湿度

　　●床暖房

日本では裸足だと床からの伝導もあるね

ほかにも、見える景色、音楽や色などシチュエーションによっても変わってきます

日本の空間を支えてきた「仕切り」

日本の建具は「仕切り」と呼ぶとしっくりくる

　柱で支えられた開放的な空間を状況に合わせてふすまや屏風で仕切る日本の伝統的な空間は現代でも新鮮に感じます。ただ、「仕切り」といってもいろいろなものがあるので、どのようなものがあるかを押さえておこう。住まいの空間づくりにアレンジして使いたい。

▼明かり障子

一般的に障子と呼ばれる。室内に柔らかい光を取り入れることができる。和にこだわらずに使いたい。軽いので吊り戸にして、室内の仕切りとして使うこともできる

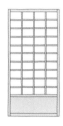

▼ふすま

取り外しも簡単で、部屋を大きく使うことができる可動間仕切りとなる。ふすま絵や紙を工夫すれば、部屋の雰囲気もがらりと変わる。縁のない太鼓張りはモダンな風合いも出せるので、和にこだわらなくても使える

縁あり　　　太鼓張り

▼格子戸・簀戸

格子戸は視線を制御することができるうえ、デザインもいろいろなものがある。簀戸は室内の通風と目隠しとして趣がある

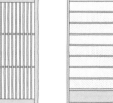

格子戸　　　簀戸

▼屏風

目隠し、風よけに役立つ。フラッシュ板や障子、格子戸を使うこともできる。絵や模様で遊んでも楽しい

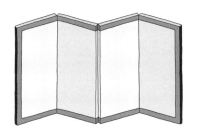

▼衝立（ついたて）

台座に障子などを立てかけて目隠しとする。簡易的な分、いろいろと工夫できる。和と決めつけたくはない

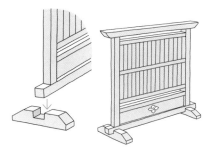

▼すだれ

御簾（みす）、よしず、すだれ、いろいろな呼び方がある。光と視線を簡単に制御できる。窓や室内の仕切りにうまく使いたい

▼らんま

開口部の上に取りつける建具。装飾、通風用にも役立つ。開閉により通風の制御もできる

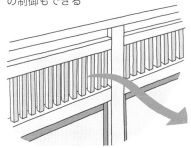

▼蔀戸（しとみど）

日本の建具の原型のひとつ。雨戸兼庇（ひさし）といった現代風の使い方も良い

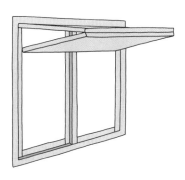

目指せ街場の建築家 ④ もっと深めたい!

木材は火に弱いなんて 木材に失礼だ!

防火・耐火性が要求される建築物にも使える

　木構造の燃え代設計が一般化し、木造準耐火建築の住宅でも露出した木造梁を楽しむことが可能です。木材の利用促進や木材の防火実験などの成果で、木造の防火関係仕様も多く提案され、木造中高層建築物など、木材を生かした設計の幅も広がっています。

▼燃え代設計　木材の燃焼時の炭化が燃焼自体をおさえるので、炭化部分を強度に加えずに構造計算すれば、安全な設計が可能(建告1358号など)

柱・梁の燃え代の値

	昭62建告 1902号 (30分)	平12建告 1358号 (45分)	平27建告 253号 (1時間)
構造用集成材	25mm	35mm	45mm
LVL	25mm	35mm	45mm
構造用製材	30mm	45mm	60mm

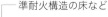

準耐火構造の床など

構造耐力上必要な梁断面　　燃え代

▼耐火構造　PBなどで耐火被覆する木造耐火構造も都市住宅の選択肢として一般化してきているが、考え方は3つある

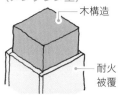

耐火被覆型 (メンブレン型)

木構造

耐火被覆

PBなどで耐火被覆をする

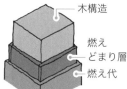

燃えどまり型

木構造

燃えどまり層

燃え代

燃焼をとめる層を設ける

鋼材内蔵型

鉄骨

木材

木材の燃え代で鉄骨を守る

　そのほかにも、木材の不燃化、準不燃化による仕上げ材利用も進んできている。木材から目が離せない。利用するときは認定などをしっかり調べて利用しよう

ご用心、
建築主支給のささやき

「良い床材、ネットで見つけたんだけど注文していいですか？」工事中の建築主のささやきに軽く「良いですね」といってはいけません。工事側も建築主も基本的に良いことがないからです。責任の区別が難しいのです。

たとえば床材が建築主から支給されたとします。現場配送時に不良品の有無を確認し不良品があれば返品するのは、この場合建築主の役割ですが、それができたとしても、施工を見越した適切なチェックはできません。これでは施工業者も責任はもてません。施工上の精度、ロス、補修を見越して発注するのが施工業者ですからね。

さ、完成して数か月が経ち床にゆがみが生じました。これは誰の責任でしょう。建材業者は建材の扱いや下地が悪かったといい、施工業者は建材が悪かったといい、建築主は板挟み、責任は不明です。どうしましょう？

請負工事とは責任をもって建材や設備機器を購入し施工し、完成品を責任をもって渡す工事です。だから、責任を明確にするには、支給ではなく施工業者経由で発注し工事を進めてもらうというのが基本です。

監理者としては、「完成後に施工できるようなものであれば良いのですが……」といっておいたほうが良いようです。

ちなみに、建築主の選んだ素敵なつまみを支給に変更して家具扉につけたことがありますが、その程度なら建築主支給も良いものですね。

Part 6

工事の準備

工事を始めるには工事契約が必要。しかし、工事見積額が建築主の予算にそのまま合うことはほとんどありません。調整が必要だ。

設計監理でのトラブルの多くはこの見積の調整が不調になるときですが、建築主への丁寧な説明と理解があればトラブルはほぼありません。住宅レベルでは、建築主はすべてが初めてのことばかりなので、しっかりとした説明をして信頼関係を大切に。

工事金額の合意ができたらすぐ工事というわけにもいきません。見積調整に合わせた図面の訂正と、建築確認申請があります。

ともかく、監理者側のスケジュールで動かないことばかりなので注意しよう。もうすぐ建物づくりが始まる。あと一息！

Part 6

建築士の基礎力 01 　工事までは寄り道の多いスケジュール

実施設計図書が完成したらすぐに工事を始めたいが、見積の調整と契約、建築確認申請が監理者を待っている。段取り良く進めたい。

　予算に対し、見積額がかなりオーバーしていると調整に時間がかかり、工事開始までの日程が長引くこともある。さらに、建築確認申請の提出前の各種許可申請などのタイミングが遅れると、工事開始までに確認済証が間に合わず、工事が遅れてしまうことも。とにかく工事開始までは、段取り良く進めていけるようにがんばろう。

▼工事開始までのスケジュール

相見積では、同レベルの施工業者を3社ほど選びたいね

□ローン準備

実施設計図書完成 → 見積依頼 → 見積期間 3week 〜

□施工業者に見積依頼（特命 or 相見積）

見積時の業者質問や見積が出て調整を始めると、実施図面の誤記や不備がよく見つかる

図面で見積額が変わる？

　図面をたくさん描けば描くほど見積金額が上がるという話をよく聞きます。より細かな寸法や指示があれば、つくるほうも用心深くなり金額も上がるのは仕方がありません。しかし時には、安くなることも。

　あるリフォームの例ですが、施工業者がスムーズに工事ができるように、躯体の補強法や設備機器の納め方などを丁寧に図面化して見積に出したところ、700万円超えと予想していた工事に600万円を切る見積が出たことがあります。

　間違いかもと施工業者にすぐに問い合わせると、「作業内容が明解なので安心して仕事ができますから大丈夫です」とお墨つきをもらえました。完成までは不安でしたが、無事問題なくリフォームは終わりました。

　安くなるかどうかはわかりませんが、工事内容を施工業者がイメージしやすいように丁寧に描けば、より適切な見積額が出る可能性は高いといえるでしょう。図面は、描く量ではなくて質が大切ですね。

予算金額に近いと
うれしいけれど
かなり違うと調整が大変！

□引越し

| 見積チェック
調整

2week〜 | | 図面訂正

1week〜 | | 契約 | | 工事開始
地鎮祭 |

□確認申請事前審査　　□確認申請本審査　　□確認済証
□各種許可申請

地鎮祭の日程は、
六曜や建築主の日程との
調整もあるので契約前に
決めておかないと、
工事開始が遅れる

解体は
本工事と別で、
契約前にする
ことも多い

見積調整期間が長引いたり、計画案の変更も多いと確認申請提出のタイミングがずれて右往左往！ 逆に、スムーズに行きすぎて焦ることもあるけどね

建築士の基礎力 02 見積チェック❶ 材工っていうけれど

見積は、建材とそれを加工設置する作業手間（人工）を合わせた材工金額をもとに構成される。材工に付随する費用も把握しておこう。

　職人は建材を購入し、作業の下準備をして、**道具や機材、副資材（釘や接着材）**を使い工事をおこないます。建材によっては**現場への運搬**にも費用がかかる。都市部では**駐車場代**も結構な経費。また、建材にはロスはつきものだし、**やり直し用のストック**が必要となる建材もあります。

　純粋に建材費と職人の作業時間だけで、安いか高いかを決められない。前述した費用が見積書のどの項目に含まれているかを見極めよう。建材費や人工に入れる場合や別経費として計上する場合などいろいろです。

▼材工に付随するもの

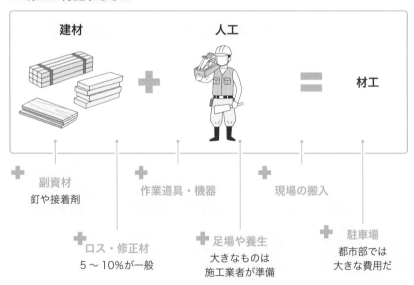

建材 ＋ 人工 ＝ 材工

＋ 副資材
釘や接着剤

＋ 作業道具・機器

＋ 現場の搬入

＋ ロス・修正材
5〜10%が一般

＋ 足場や養生
大きなものは
施工業者が準備

＋ 駐車場
都市部では
大きな費用だ

材工は、純粋には建材と手間（人工）だけだが、
付随する項目が見積項目にあったりなかったり。
相見積の比較もままならない。材工に付随する項目を
いつもイメージできるようにすると比較も楽になる

建築士の基礎力 03 見積チェック❷ 良い見積はバランスが良い

大枠の項目の金額バランスから見て問題がないか確認。バランスが悪い見積は見積ができていないか、特別な理由があるかのどちらか。

　大枠のデータから外れる場合は要注意だ。これは、私の事務所の一般的なグレードの**工事費の割合の例**です。割合はグレードやこだわりによって違ってきます。見積書のデータは常に整理し分析するようにしよう。

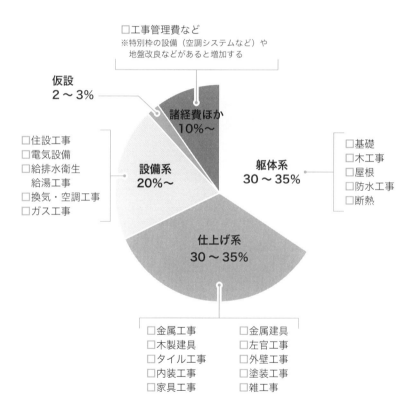

□工事管理費など
※特別枠の設備（空調システムなど）や
　地盤改良などがあると増加する

仮設
2〜3%

□住設工事
□電気設備
□給排水衛生
　給湯工事
□換気・空調工事
□ガス工事

諸経費ほか
10%〜

設備系
20%〜

躯体系
30〜35%

□基礎
□木工事
□屋根
□防水工事
□断熱

仕上げ系
30〜35%

□金属工事　　□金属建具
□木製建具　　□左官工事
□タイル工事　□外壁工事
□内装工事　　□塗装工事
□家具工事　　□雑工事

昔の住宅のバランスは、躯体40、仕上げ30、設備15くらいでしたが、今では、設備・仕上げの比率がアップして躯体の割合が小さくなっています

建築士の基礎力 04 工事請負契約書を知っておこう

工事契約は施工業者と建築主の契約だが、監理建築士としても把握しておかないといけない。工事監理の条文も約款にあるからね。

　よく使われる工事請負契約書は、「民間（七会）連合協定の工事請負契約書」と「中央建設審議会の工事請負契約書」の2種類あります。

　契約書と契約内容を記した契約約款で成り立っていて、これに契約図面、見積書、工程表をセットにして契約します。製本する場合もあるし、住宅レベルだと、簡易的なファイリングですます場合もあります。

▼民間連合協定の工事請負契約書の例

工事請負契約書	監理建築士として注意すべきは、工期や請負代金の確認と部分払いについての助言だね

印紙

工事請負契約書

発注者　長谷川 弘　　　　　　　　　　　　　　と
受注者　（株）中山建設代表取締役 中山　　　　とは
　（工事名称）　長谷川邸新築　　　　　　　　　工事
の施工について、次の条項と添付の工事請負契約約款、設計図書等（設計図面　54　枚、
仕様書　1　冊、現場説明書　1　枚、質問回答書　1　枚）に基づいて、
工事請負契約を締結する。

1. 工事場所　東京都品川区〇〇4丁目5番6号
2. 工　期　着手　　2000　年　2　月　1　日
　　　　　　完成　　2000　年　9　月　30　日
　　　　　　引渡し　　　年　　月　　日　完成から7日以内
3. 請負代金額　金　38,500,000 円也
　　　うち　工事価格　金 35,000,000 円也
　　取引に係る消費税及び地方消費税の額　金 3,500,000 円也
　　(注) 請負代金額は、工事価格に、取引に係る消費税及び地方消費税の額を加えた額。
4. 請負代金の支払　前 払　契約成立の時に　金 100,000,000 円也
　　　　　　　　　　部分払　中間検査終了後 142,500,000 円也

　　　　　　　　支払請求締切日　－
　　　　　　完成引渡しの時に　金 142,500,000 円也

東京都目黒区〇〇3丁目1234
　（株）山川太郎一級建築士事務所
監理者　（代）山川 太郎　　　　　　　　　　　　　印

工事請負契約書用紙改正
平成元年2月、平成9年4月、平成9年9月、平成14年5月、平成19年5月、
平成20年11月、平成21年5月、平成23年5月、平成28年3月、令和2年4月　（民間（七会）連合協定用紙）

工期は、住宅の質に影響することなので少し余裕を持ちたい

請負代金は、見積書で見積範囲を明確にしておく

請負代金の支払いは、3回に分けるのが一般的だが、ローンや状況に合わせて調整しよう。私は6回に分けたこともある

建築主から工事の監理を依頼されていれば、監理者として署名をする

▼工事請負契約約款

主に下記のところは、施工業者だけでなく、監理者としても説明できるようにしておくことが大切です

★の数は重要度

★★★ 第7条の2：秘密の保持
忘れないようにしよう！

★　　第14条：支給材料、貸与品
建築主の支給品、貸与品の品質、運搬は建築主の責任となることなど。安易な支給は責任の範囲があいまいになることも多い。お互いに気をつけよう。

★★　第19条：第三者損害
工事の第三者への損害は施工業者が賠償するが、施工業者が通常の工事で避けられないものは建築主が対応するといったことなど。土工事で隣家が傾いたら、施工業者責任だね。

★★　第20条：施工について生じた損害
施工における損害の責任は、原因によっては発注者の場合もあることなど。施工業者だけの責任にはできないことも多い。

★★　第21条：不可抗力による損害
天災や不可抗力で避けられない損害は、基本的に建築主負担だが、保険などでも補填するといったことなど。洪水での現場の損傷は、基本的に施工業者の責任ではないね。

★★　第27条の2：契約不適合責任期間保持
瑕疵（契約不適合）の場合の年数など。この条文がなくても瑕疵担保履行法の摘用は受けられる。

★★　第28条：工事の変更、工期の変更
建築主は工事の変更などができるが、施工業者に損害が出たときは建築主が負担することなど。契約者どうしは対等ということを忘れないようにしよう。

★★★ 第30条：発注者の損害賠償請求等
引渡しが遅れたときの違約金などについて。引渡しが遅れることは多いのでお互いに確かめておく。とくに建築主の引渡し日程の事情は施工業者に伝えること。

★　　第30条の2：受注者の損害賠償請求等
第30条の逆で、支払いがないときの違約金などについて。

監理者についての項目もある。読んでおこう。
第9条：監理者　支払いの請求書、増減のチェックは監理者経由といったことなど。

建築士 の 確認申請書は記入ミスを
基礎力 05 避ければスムーズ

建築確認申請書は建物の公的な証なので、情報の記入の仕方が大事。申請書の構成を押さえて、記入する情報の整理をしておこう。

　確認申請書は、確認申請書（正・副）と添付図面（正・副）などで成り立っています。「正」は審査した機関に保管し、「副」は確認後に建築主へ戻されます。訂正は代理人がおこないます。

確認申請書・添付図面

正　　副　　審査期間に
提出審査

正は審査機関
に保管

副は建築主へ

確認申請書（正・副）

　記入情報のカテゴリーによって1〜6面に分けられている。この区分けを把握すれば、記入ミスは少なくなる。

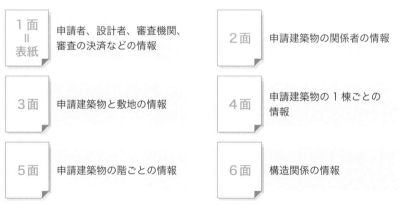

1面＝表紙	申請者、設計者、審査機関、審査の決済などの情報
2面	申請建築物の関係者の情報
3面	申請建築物と敷地の情報
4面	申請建築物の1棟ごとの情報
5面	申請建築物の階ごとの情報
6面	構造関係の情報

※数値の表示（小数点以下○位切り捨てなど）にも注意を払おう

> これも重要！　添付図面（正・副）
> 建築基準法に則った建築物であることを示す図面。実施設計で作成する。

第二号様式（第一条の三、第三条、第三条の三関係）（Ａ４）

確認申請書（建築物）

（第一面）

　建築基準法第６条第１項又は第６条の２第１項の規定による確認を申請します。この申請書及び添付図書に記載の事項は、事実に相違ありません。

指定確認審査機関　①
株式会社△△△
代表取締役 山中 実　　様

〇〇〇〇 年　〇 月〇 日

申請者氏名　長谷川 弘　②　印

設計者氏名　山川 太郎　③　印

※手数料欄			
※受付欄	※消防関係同意欄	※決裁欄	※確認番号欄
年　月　日			年　月　日

① ● 提出先の指定に合わせて、指定確認審査機関名もしくは建築主事名と代表者名を記入

② ● 建築主（複数名の場合、全員）の名前を記入

③ ● 設計者（複数名の場合、代表者）の名前を記入
　 ● 通常は、管理建築士の名前を記入

これも重要！　委任状（確認申請書に添付）
確認申請の業務を委任するのに必要な書類。確認申請者は建築主になるが、多くは建築士が代行する。その委任のための書類。検査や付随する許可などの申請も委任項目に含めること。

（第二面）

建築主等の概要

【1. 建築主】

　【イ. 氏名のフリガナ】　ハセガワ ヒロシ

　【ロ. 氏名】　　　　　　長谷川 弘

　【ハ. 郵便番号】　　　　154- ○○○○
　【ニ. 住所】　　　　　　神奈川県横浜市旭区○○ 5 丁目 123　　　①
　【ホ. 電話番号】　　　　045- ○○○ - ○○○○

【2. 代理者】
　【イ. 資格】　　　　　（ 一級 ）建築士　　　（ 大臣 ）登録第　　○○○○　　　号
　【ロ. 氏名】　　　　　山川 太郎
　【ハ. 建築士事務所名】（ 一級 ）建築士事務所（東京都）知事登録第　　○○○○　　　号
　　　　　　　　　　　　山川建築事務所
　【ニ. 郵便番号】　153- ○○○○
　【ホ. 所在地】　　東京都目黒区○○ 3 丁目 1234　　　　　　　　　　②
　【ヘ. 電話番号】　03- ○○○ - ○○○○

【3. 設計者】
　（代表となる設計者）
　【イ. 資格】　　（ 一級 ）建築士　　　（ 大臣 ）登録第 ○○○○　　号
　【ロ. 氏名】　　山川 太郎
　【ハ. 建築士事務所名】（ 一級 ）建築士事務所（ 東京都 ）知事登録第　○○○○　号
　　　　　　　　　　　　山川建築事務所
　【ニ. 郵便番号】　153- ○○○○
　【ホ. 所在地】　　東京都目黒区○○ 3 丁目 1234　　　　　　　　　　③
　【ヘ. 電話番号】　03- ○○○ - ○○○○
　【ト. 作成又は確認した設計図書】 構造図および構造計算書以外のすべての図書
　（その他の設計者）
　【イ. 資格】　　　（ 一級 ）建築士　　（ 大臣 ）登録第○○○○号
　【ロ. 氏名】　　　川山 郎太
　【ハ. 建築士事務所名】（ 一級 ）建築士事務所（ 東京都 ）知事登録第○○○○号　　④
　　　　　　　　　　　　川山構造設計室

① ● 建築主（複数の場合は代表者）の情報を記入
　● 代表者以外の情報は別紙に記入

② ● 建築主が依頼した代理人の情報を記入
　● 代理者への委任状も添付

③ ● 代表設計者と作成した図面の情報を記入

④ ● 代表設計者以外の設計者の名前と作成した図面の情報を記入
　● 構造設計なども対象

これも重要！ 建築計画概要書（特定行政庁へ）
建築物の集団規定の情報を記した書類。配置図（➡ P.206）が添付される。隣家の人などが、行政庁の窓口で建物の適法性などを確認できる。

【ニ. 郵便番号】170- ○○○○
【ホ. 所在地】　東京都豊島区○○ 10 丁目 234
【ヘ. 電話番号】03- ○○○ - ○○○○
【ト. 作成又は確認した設計図書】　構造図および構造計算書　　　　④

【イ. 資格】　　　　　　（　　　）建築士　　　（　　　　　　）登録第　　　　　　号
【ロ. 氏名】
【ハ. 建築士事務所名】（　　　）建築士事務所（　　　）知事登録第　　　　　　号

【ニ. 郵便番号】
【ホ. 所在地】
【ヘ. 電話番号】
【ト. 作成又は確認した設計図書】

【5. 工事監理者】
（代表となる工事監理者）
　【イ. 資格】　　　　　　（　一級　）建築士　　（　大臣　）登録第　○○○○　　号
　【ロ. 氏名】　　　　　　山川 太郎
　【ハ. 建築士事務所名】（一級）建築士事務所（　東京都　）知事登録第　○○○○　号
　　　　　　　　　　　　山川建築事務所
　【ニ. 郵便番号】　　　153- ○○○○
　【ホ. 所在地】　　　　東京都目黒区○○ 3 丁目 1234
　【ヘ. 電話番号】　　　03- ○○○ - ○○○○
　【ト. 工事と照合する設計図書】　すべての図書　　　　⑤

【6. 工事施工者】
　【イ. 氏名】　　　中山 道
　【ロ. 営業所名】　建設業の許可(東京都知事 般○○)第 ○○○○ 号
　　　　　　　　　（株）中山建設
　【ハ. 郵便番号】156- ○○○○
　【ニ. 所在地】　東京都世田谷区○○ 5 丁目 678
　【ホ. 電話番号】03- □□□ - □□□□　　　　⑥

⑤ ● 工事監理者の名前と情報を記入
　 ● 設計者が工事監理を直接おこなう場合は、設計者と同じ情報を記入

⑥ ● 工事施工者と施工者の代表者の情報を記入
　 ● 複数の工事施工者がある場合は、別紙に同様の書式で記入

これも重要!　建築工事届（知事宛）（統計資料）
建築物の構造や資金形態、大枠の金額などを記した書類。統計に用いられる。

建築士の基礎力 06 建築計画概要書でも使う 配置図に気を配ろう

基準法の集団規定に適合しているかを示す配置図は、建築確認申請の添付図書と建築計画概要書に使われるもっとも重要な図面。

▼配置図の例　下の項目をはっきり描こう

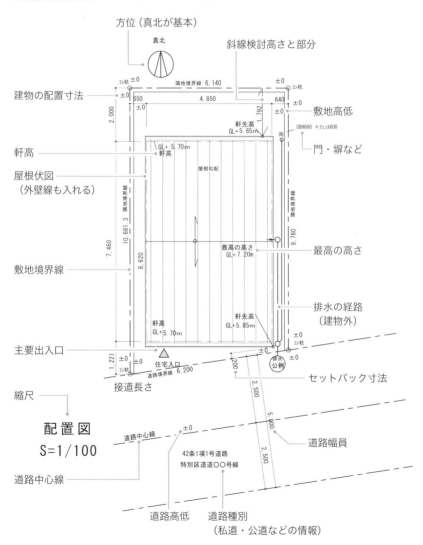

- 方位（真北が基本）
- 斜線検討高さと部分
- 建物の配置寸法
- 敷地高低
- 軒高
- 門・塀など
- 屋根伏図（外壁線も入れる）
- 敷地境界線
- 最高の高さ
- 主要出入口
- 排水の経路（建物外）
- 縮尺
- セットバック寸法
- 道路幅員
- 道路中心線
- 道路高低
- 道路種別（私道・公道などの情報）
- 接道長さ

図中のラベル:
真北／隣地境界線 6,140／コン杭 ±0／±0／コン杭 ±0／±0／軒先高 GL+5.85m／GL+5.70m／軒高／屋根勾配／最高の高さ GL+7.20m／軒高 GL+5.70m／軒先高 GL+5.85m／排水公桝／住宅入口／道路境界線 6,200／道路中心線 ±0／42条1項1号道路 特別区道○○号線

寸法: 650／4,850／640／2,000／762／10,681.3／7,460／8,620／9,760／1,221／±200／2,500／5,000／2,500／CBH600＋フェンス600

配置図 S=1/100

Kuruba's Point

プロの押え処

減額は交渉する前に、知恵を絞り出そう

「安くして」という建築主の気持ちはわかるが、交渉だけではどうにもならない。信頼と協力が大切だよ。

　私の経験ですが、工事費が予定額の1割アップまでなら、性能をあまり変えなくても、建築主や施工業者とともに、仕様や施工法を見直したり数量を精査したりして歩み寄り、契約できる可能性は高いといえます。

　しかし、1割以上となると歩み寄りでは解決できず、設計の大きな見直しという魔の時間が待ち受けていることもあります。一方的に「まけて」といって何とかなる時代ではないので、建築主も監理者も施工業者も、みんなで知恵を出し合って契約にこぎつけることになります。

予算より1割超えたら、こんなことをやってみるしかない!

● 面積を減らせるものは減らす。テラスを小さくするなど。

● 複数の仕上げを同じにする。少ない面積の仕上げを変更する。

● 高めの項目は、依頼を前提に協力業者に再見積をお願いする。

● 造作家具を一部やめる。チマチマせず一度全部やめて復活させるのがミソ。既製品にも良いものがある。

● 特注品があれば規格品にする。規格サイズのサッシに変更など。

● エアコンを別途工事にする。スリーブやコンセントは残し、完成後に家電量販店などで設置する。

● ワックスがけなど簡単な塗装を建築主施工にする。

● 型番、建材の変更。施工業者の提案するものに変更するという手もある。

● 完成後でも良い外構の施工はバッサリやめる。

見積額がアップしそうなときは、実施設計段階でわかるはず。その時点で、減額案を建築主に話しておくことも大切です。

プロの押え処

見積の項目を合わせて比較しよう

各社の見積が出揃っても項目が違うと比較できない。相見積では、見積項目を合わせてから比較しよう。

造作家具は、職人がする木工事扱いか家具工事扱いか、建材は、元請が購入するのか協力業者が購入するのか、といったことで見積の工事項目の扱いが違ってくる。依頼の可能性の高い施工業者の見積項目を軸に、ほかの施工業者の見積項目を整理すると比較しやすくなる。

小さな運搬費や経費にこだわらず、大枠で整理するのがコツ。建築主に説明できる程度で揃えれば十分です。

▼A施工業者とB施工業者のキッチンの見積を比較しよう

A 施工業者

キッチンは
ウチで仕入れるから
「住設工事」です

B 施工業者

キッチンは
設備業者が仕入れるから
「設備工事」です

キッチン工事の扱い
が違うから、ひと目
で比べにくい…

見積書	
住設工事費	計○,○○○,○○○円
キッチン	○○○,○○○円
取りつけ費	○○,○○○円

見積書	
設備工事費	計△,△△△,△△△円
キッチン	△△△,△△△円
便器	△△

見積書	
住設工事費	計○,○○○,○○○円
キッチン	○○○,○○○円
取りつけ費	○○,○○○円

比較 ↔

見積書	
住設工事費	□□□,□□□円
キッチン	△△△,△△△円
取りつけ費	○○,○○○円

A 社相当を設備工事費より移動

キッチン工事
の費用が住設工
事費に揃って比
べやすくなった!

プロ の 押え処

施工業者選びは、安いとか技術があるとかだけじゃない

施工業者との信頼関係を結ぶには多角的な視点が大切だ。
それを建築主にうまく伝えよう。

　相見積の場合、技術力が同程度の施工業者なら金額の比較ですむのだが、技術力と見積額にばらつきがある場合では、どの施工業者が適切なのかを建築主に説明するのは難しい。監理者としては、技術力があるほうが建築主にとっても良いので勧めたいが、建築主は安いほうに目が行きがちです。もちろん、予算があるものですから仕方ありません。

　こういったときは、評価軸をある程度明解にしておくと良いでしょう。たとえば、レーダーチャート図で表現してみると意外と説得力があります。標準を基本にして、あまり細かくしないほうが良いでしょう。また、作成者の意図が入りすぎないように注意しましょう。

見積書と理解力
図面・設計意図の理解度

管理力と人材
現場の職人・清掃の様子

B社

省エネなどの理解
講習などの参加、省エネなどへの関心を会話で確かめる

A社

標準

アフターケア
数年経った施工建物を見に行きチェック

会社の安定
会社の歴史、どれくらい建ててきたか

協力業者の質
金額に見合った仕上がりができるか、現場観察

会社と施工規模
現場監督１人につき４軒を超えると要注意

価格
安すぎるのも、高すぎるのも避けたい

A社はアフターケアと金額は魅力だが、
省エネにこだわる建築主だからB社が良いかな

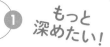

目指せ街場の建築家 ➊　もっと深めたい！

工事に合わせて
発注方法を変える

施工業者が一括で請負うシステムではない方法もある

　日本では、施工業者が工事を請負、統括管理して引渡す、一括請負方式が一般的です。しかし、統括管理部門が施工業者から独立したＣＭ（Construction Management）方式という方法もあります。CM方式も、工事の統括者（マネージャー・CMR：Construction Manager）が、工事にかかるお金と発注、工程を仕切るので、施工業者とあまり違わないように見えます。しかし、その報酬は施工業者の給与ではなく建築主から支払われるので、工事金額の透明性や建築主の意向をバランスよく反映できると考えられています。

　信頼できる施工業者の多い日本ではあまり普及していませんが、脱下請けや価格の透明化が進む時代、このような方式も選択のひとつとして考えておきたいですね。

▼工事請負方式

建築士
設計監理

建築主
専門知識不要

施工業者
一括請負
工事統括

職人・業者
職人・業者
職人・業者

工事すべてをまとめて一括請負する。ゼネラル・コントラクター＝総合請負（ゼネコン）と呼ばれるゆえん

▼CM方式

建築士
設計監理

建築主
専門知識不要

CMR
工事統括

職人・業者
職人・業者
職人・業者

CMRが工事統括として制御して、工事を進める。CMRは幅広いスキルが必要。報酬は建築主から支払われる

住宅やリフォームなどの小さな工事では、**設計監理の建築士が工事統轄（CMR）を兼ねる方法**も可能です。近年では、もっともリスクの大きい躯体工事で、サッシまでをパネル化して現場で組み上げる方式もあり、よりやりやすくなっています。工事を適切に分離できれば、建築主の意向を、法規、予算、デザインのバランスを調整しながら完成させることも可能になってきているのです。そのためには、各工事のインターフェース（通気層や軒や窓まわりなどの接点）をしっかり押さえておくことや、金額や工程を制御するスキルが必要です。

この方式は**アーキテクト・ビルダー**とも呼ばれ、建築主が直に作事奉行（江戸時代の職名）を抱えるようなものなので、一括請負方式にはない柔軟性を生む可能性があるといえるでしょう。

▼アーキテクト・ビルダー

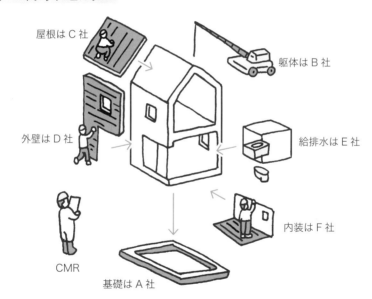

屋根はC社
躯体はB社
外壁はD社
給排水はE社
内装はF社
CMR
基礎はA社

アーキテクト・ビルダーとデザインビルド、本来は違うこと
建築家が工事統括も兼ねるアーキテクト・ビルダーという方式は、1980年ごろ、C.アレグザンダーという建築家が提案したものなのですが、設計施工の施工業者がデザイン優先をアピールする場合にもこう呼ぶことがあるようです。しかし、この場合は「デザインビルド」と呼ぶほうが良いでしょうね。

目指せ街場の建築家 ② もっと深めたい！

特命での工事依頼は
建築主の利点も多い

質の高い施工業者とのタッグは良いことも多い

　工事依頼は現在相見積が主流だが、建材、技術、流通などが多様化する中、設計監理者と施工業者が情報を密に共有できる「特命」工事は選択のひとつとして常に考えておきたい。

　工事の質を上げるためには、監理と工事の適度な緊張関係が必要なのですが、住宅にも性能や多様性がより求められる現況では、監理者や設計者としての視点と、施工業者の施工技術をともに生かせる「特命」という施工業者選択は建築主にとっても魅了的選択のひとつだ。施工業者は、設計者の意図を十分理解しているので適正価格が出しやすく、設計段階での施工の情報共有は、質の高い設計になりやすい。

　たとえば、ローンの「フラット35S」といった一般的といわれる基準でも、設計者、監理者、施工業者それぞれに十分な理解がないと、検査には通っても施工が不十分ということになりかねません。

　逆に、設計者や監理者の力不足で、施工業者が主導権を握りすぎると緊張関係がくずれるので、設計者と監理者は日々スキルアップと情報収集に励まなければいけません。

設計監理
建築主の立場で質の良い建物を目指すのが仕事

● 質の良い建物の目標をもっている
● 建築主の意向を知る
● 技術に詳しい
● 建材・設備のデータを把握
● 建材数量などを正確に把握している

立場は違うけれど
目的は「良い建物」
…であれば「特命」もあり！

施工業者
請負金額の範囲で良い建物をつくるのが仕事

● 省エネなどの技術と施工情報を吸収している
● 技術力のある建築士がいる
● 工夫力がある
● 施工体制が安定している
● 建築主と長いお付き合いができる

212

わからないことだらけの
金額

　何年建築の実務に携わっていても、見積金額の判断は難しい。見積を出す当の施工業者がわからないといっているのですから当然です。

　限られた建材と下請けで成り立っていた時代と違い、今やあふれる建材と、多くの協力業者で成り立つ工事。流通経路によってまったく違う建材の金額。それをまとめるのだから、施工業者も金額の扱いは大変です。

　建材や機器の値段は、メーカーの示す価格（上代）に何掛けかして見積に出てきます。7掛けあたりが結構多いが、時として9掛けということもある。これは、施工業者がごまかしているわけではなく、購入経路が違うことが主な理由です。

　たとえば、メーカーから施工業者に渡るまでに3つの問屋がかかわっていたとしよう。施工業者見積が定価の7掛けなら、6掛け程度の仕入だ。施工業者に売る問屋は5掛けで仕入れ、次の問屋は4掛けで仕入れ、その問屋は3掛け程度でメーカーから仕入れとなります。雑な計算ですが、購入経路で結構違うのは理解できるでしょう。施工業者も必要な量をより安く安定的に購入できる経路がないか必死です。

　型落ち寸前の低価格な機器をネットで建築主が見つけ、施工業者と値段交渉なんてことになると大変。ネットに出回る余剰品との戦いでは値段的にまったく勝ち目はありません。

　購入経路も再編の時代。さらにネットでの販売品もあるとなると、ますます金額はわかりませんね。

Part 7

工事監理

机上からものづくりの現場へ。実施図面の上で想定した職人ではなく、生身の職人との付き合いに移行します。

　彼らの技術に一喜一憂し、自ら反省し学ぶ日々。完成の喜びを目指すマラソンの苦しみのようにも思えるが、現場は常に新しい発見があり、トラブルを差し引いてもワクワクします。このワクワクを享受するためには、監理は「準備」と心得ると良いでしょう。

　現場監督、職人が図面を見て、迷う前に「準備」し、打ち合わせをすること。後出しじゃんけんはいけない。そのためには、いつも全体を俯瞰し先を眺めながら現場に向かおう。

Part 7

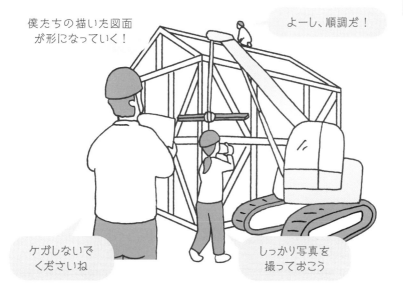

建築士 の 工事を俯瞰することから
基礎力 01 始まる監理業務

工事全体を俯瞰し、先手でカードを切ることが大切だ。木造住宅は4、5か月の工期が一般的だが、11のSTEPに分けて見てみよう。

▼監理者としてすべきチェック業務

STEP1
準備

- ■工事契約
- ■工事看板
- ■近隣あいさつ
- ■地縄張り
- ■地鎮祭
- ■水盛・遣り方
- ■BM（高さの基準）設定
- ■仮設

確認済証を受領すれば工事をスタートすることはできる。しかし、その前に監理の準備を疎かにしないことが大切。

ポイント
地縄張りの時点で、BM（高さの基準）は必ず決めておこう。地鎮祭では配置の大枠を決めて、建築主に説明できると良い。

図面・書類のチェック
- □業者リスト
- □工程表

STEP2
基礎づくり

- ■根切
- ■地業
- ■防湿シート
- ■捨てコン
- ■墨出し
- ■耐圧盤配筋
- ■耐圧版打設
- ■基礎立ち上がり型枠
- ■立ち上がり配筋
- ■補強筋
- ■アンカーボルト設置
- ■配管スリーブ
- ■基礎立ち上がり打設

基礎工事のチェック事項は満載で重要なものばかりだが、監理内容は難しくはない。粛々と進めたい。基礎工事で現場監督の力量がわかるので、しっかり見極めよう。

ポイント
このSTEPでもっとも重要なのは、建物の配置と高さの決定。根切り深さ、配置の墨出しを念入りに確認しよう。この段階でプレカット図のチェックもあるので、アンカーボルトの配置確認に生かす。鉄筋の配筋では、補強筋やかぶり厚さの確認も怠りなくしたい。

図面・書類のチェック
- □プレカット図
- □コンクリート配合計画書

検査関連
- □瑕疵担保保険検査など
- □中間検査日程予約

216

業務内容のうち、色文字の項目はとくに大切です。
建築主との信頼関係のためにもしっかりおこなおう

STEP3
骨組みづくり

■土台敷き込み
■構造軸組搬入
■建て方
■上棟式
■足場
■耐力壁
■金物締め

家の形が見えてくるこのSTEPは、建築主にとっては感動のとき。建築主には、現場で間取りや窓の位置や構造の安全性を説明しよう。構造見学会があるときは、建築主の了解を得ておこなうこと。

ポイント
接合金物の確認を軸にして骨組みをチェックする。このころから、工程に合わせ、建築主が現場に来る日程（2週間ごとが目安）を決めておくと良い。屋根材の色、ユニットバスの仕様などは、上棟式のときに、建築主に再確認しておこう。

図面・書類のチェック
□サッシ発注書

検査関連
□鉄筋ミルシート
□中間検査申請

STEP4
屋根づくり

■屋根下地
■屋根通気層
■透湿防水シート
■屋根仕上げ
■設備主配管

軒先、屋根の通気・納まりの確認をする。

ポイント
狭小地では、軒先が斜線ギリギリになることも多いので、施工業者と軒先の納まりの打ち合わせを早めにしよう。このSTEPで、1階床下の主配管が設置されるので、確認をして写真を必ず撮っておく。

検査関連
□中間検査
□中間検査合格証受領
□コンクリート圧縮試験報告書

忘れ物はないかな？　監理業務の必需品

　現場には小雨でも問題ない服装で、図面（タブレット）、必要書類に加え、ヘルメット（たためると便利）、メジャー、赤ペン、スリッパ、手袋、マスク（室内での合板加工時など）、カメラ、電卓などを持っていこう。

STEP5
外壁づくり

- ■サッシ
- ■透湿防水シート
- ■水切り・見切り
- ■外壁下地
- ■通気層

細やかな監理が必要なとき。監理の要点を前もって確認してから現場に行こう。とくに外壁の通気層は重要だ。

ポイント

通気ルート、雨漏りしやすい部分をチェックしよう。とくにサッシまわりは丁寧に確認する。

図面・書類のチェック

□週間工程表（以後、適宜）

STEP6
配管と配線

- ■設備配管
- ■電気配線

設備関係は住宅の中で重要度が増してきている。設置機器の仕様などを確認して、配管・配線をチェックしよう。

ポイント

配管・配線・ダクトと柱・梁との干渉に気をつける。狭小住宅では、STEP4の主配管設備がおこなわれるタイミングで、給湯器や室外機の位置を打ち合わせしておきたい。

図面・書類のチェック

□設備関係承認図（適宜）

STEP7
断熱

- ■1階床下地
- ■断熱材

外注の断熱工事のときは、施工業者と先に現場で打ち合わせをしておく。

ポイント

小さな隙間や施工上難しいところの断熱の処理は、事前に現場監督と話し合うこと。

STEP8
内部下地と外壁

- ■内部下地
- ■防湿シート
- ■配管配線
- ■内部ボード張り
- ■外壁仕上げ

外壁・内壁ともにふさがれてしまうとチェックできないので、写真に撮っておくことを忘れないようにしよう。結露や排水音などの心配がないかを念入りに見極めたい。

ポイント

配管・配線・ダクトと「断熱材」・「防湿シート」との隙間をしっかり確認しておこう。

218

STEP9
造作と仕上げ

- ■階段
- ■造作（額縁・枠・幅木・廻り縁・見切り）
- ■フローリングなど
- ■キッチン
- ■家具
- ■設備機器
- ■仕上げ

ここから一気に仕上がっていく。工事がいくつか重なることもあり、視点が定まらないくらいだ。チェック事項と打ち合わせ事項をリストアップして臨もう。現場の時間を多めに確保し、丁寧にチェックしていきたい。施工後の修正が出ないようにするのも監理者の重要な役目だ。

ポイント
現場監督に経験のない工事があるときは、業者や職人任せにしがちなので、事前に現場監督を交えて打ち合わせをしておきたい。

図面・書類のチェック
□家具などの図面（適宜）

検査関連
□完了検査日程予約　　□完了検査申請

STEP10
検査と外構

- ■樋　　■足場外し
- ■門扉・塀
- ■ポーチ・テラス
- ■外部配管
- ■植栽　　■直し
- ■クリーニング

検査は、基準法に基づく完了検査に加え、施工業者、設計事務所、建築主のものがあり、住宅では一緒におこなうことも。各種申請（性能評価制度など）検査もあるため、日程の調整は結構大変。

ポイント
塀は、隣家とトラブルのないようにしたい。隣家に塀の構造を説明し、境界確認をお願いしよう。

検査関連
□完了検査
□施工業者・設計事務所・建築主検査

STEP11
完成引渡し

施工業者の建物引渡し時に、監理も区切り良く終われるようにする。

ポイント
ダメ出しの直しが滞りなく終わるように、監理者として協力する。

完了の書類など
□鍵・引渡し証
□保証書（設備器具、防水、防蟻など）
□施工写真
□監理関係書類

検査関連
□検査済証

建築士の基礎力 02　工事中に受け取る書類や図面って？

監理者が受け取って確認すべき書類には、木造住宅では、主に工程表、プレカット図、コンクリート配合計画書などがある。

　契約が決まると、協力業者などを記したリストと工程表を受け取り工事が始まるが、ここでは、監理者が受け取る主な書類・図面を示しておこう。木造住宅レベルの場合の一例です。

工事管理の情報
- 工程表（STEP1）
- 現場監督、協力業者などのリスト（STEP1）
- 週間工程表など（適宜）

設計内容から考えて、工程的に厳しい部分があれば検討してもらうこと。

施工のための図面
- プレカット図（STEP2）
- 金属加工図、家具図など（STEP8・9）

木造住宅では、プレカット図が施工図の代名詞。家具図や現場の納まり図なども施工業者により適宜用意されるが、プレカット図のチェックは工事前半の最重要業務だ。

安全のための書類
- コンクリート関連書類（配合計画書（STEP2）・圧縮試験（STEP4））
- 地盤改良工事などの施工報告書（STEP3）
- 鉄筋ミルシート（STEP3）

コンクリート配合計画書を確認したうえでコンクリート打設に立ち会おう。強度を保証する圧縮試験で強度が出ないことはまずないが、報告書の確認は必ずおこなうこと。ミルシートとは材料の出荷表のことで、間違いなく製品が納入されたことを示すもの。

建築士の 工事監理の報告書は
基礎力 03 3種類

工事監理の報告書は3種類で、建築士法によるもの、特定行政庁が求めるもの、そして監理建築士が独自に作成するものがある。

▼建築士法に基づいて監理建築士が建築主に渡す報告書（STEP11）

建築士法第20条第3項による施行規則第17条の15の様式、A4（2枚）。

監理建築士
が作成

工事監理
報告書

建築主へ

▼検査時に特定行政庁が工事監理者などに求める報告書（STEP4·11）

建築基準法第12条第5項による報告で行政庁ごとに違う。書式は行政庁のHPで確認して早めに準備をしておくこと。施工結果報告書、工事監理報告書、建築設備工事監理状況報告書などがある。

監理建築士、
施工業者、
建築主（代理）
が作成

○○工事監理
報告書

特定行政庁へ

▼監理者が監理の経過を建築主に報告する任意の報告書（STEP11）

建築士事務所では大事な書類。これが充実していれば建築主も納得。

監理建築士
が作成

工事監理
報告書

工事監理
写真帖

建築主へ

建築士 の 工事現場の写真は
基礎力 04 監理のキモとなる

工事監理の写真は、建築主のかわりに記録するものなので、完成後に見えなくなるところは、とくにしっかりと写しておこう。

　デジタル時代、写真はバンバン撮れて安心だけれど、いくら写しても抜けはあるものです。現場に着いたら、ここで示すポイントをまずは写してほしい。その後、落ち着いて気づいたところを写していくと良い。

　写真は、現場監督も撮っているが、監理者側からの「チェックしていますよ」というメッセージとしての記録なので、「どうなっている？」という建築主側からの視点に基づいて確認して写すのがポイント。

　大切なのは、撮った物の位置がわかるように、視点を変えて遠近セットで写すことと、日時がわかるようにしておくこと。日時ごとにフォルダを分けて整理しておくのも良い。

　ちなみに、カメラはスマホやタブレットでも OK。

STEP1　準備

☐ 境界杭・境界周辺
☐ 塀の状況
☐ GL と BM の高さ設定
☐ 全体配置

BM は GL から
1mのところ
としよう

BM

GL

高さ設定の様子

境界杭や塀は工事で
変化することもあるので、
あとで確認できるように
念入りに写しておきたい

STEP2　基礎づくり

□地盤補強の様子　　□根切り底と深さ
□砕石締め固め後　　□防湿シート重ね
□配置墨出し　　　　□配筋ピッチ
□補強筋　　　　　　□かぶり厚さ
□アンカーボルト位置
□打設面状況
□コンクリートスランプ試験
□圧縮強度試験サンプル

根切り底、補強筋、かぶり
厚さ、アンカーボルト位置
はしっかりと写そう

コンクリートに隠れる鉄筋の様子

STEP3　骨組みづくり

□土台敷き込み
□木材種
□接合金物（すべて）
□耐力壁釘
□耐力壁釘ピッチ

金物が適切に
設置されているかを
確認しながら写す

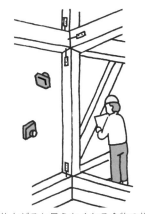

仕上がると見えなくなる金物の様子

STEP4　屋根づくり

□野地板釘ピッチ
□屋根通気ルート（通気金物含）
□透湿防湿シート重ね
□防水シート重ね
□軒先・ケラバの垂木の出
□床釘ピッチ
□床下配管（すべて）　　□1M防腐

このとき、維持のため
にも、建築主もあとで
確認できるように
床下配管をすべて写そう

床下に隠れる配管ルートの様子

1
2
3
4
5
6
7
8

工事監理

STEP5　外壁づくり

□サッシまわり（すべて）
□透湿防水シート処理
□水切り・見切り材
□通気ルート

サッシまわりを含め、
通気ルート全体を写す

外壁に隠れる下地の様子

STEP6　配管と配線

□配線
□給排水管・給湯管・GAS 管などの
　ルート（すべて）

住宅を維持していく
うえで、配管・配線の
ルートは大事な情報

仕上げに隠れる配管の様子

STEP7　断熱

□断熱材の種類
□窓・ダクトまわりの断熱
□階の上下際の処置
□UB（ユニットバス）下、
　玄関基礎まわり

断熱の隙間を見つけて、
断熱材を追加したところ
などを写しておく

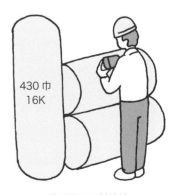

430 巾
16K

壁に埋まる断熱材

STEP8 内部の下地と外壁

☐防湿シート処置
☐電気ボックスまわり
☐外壁左官下地
☐下地補強

床暖房などがあるときは、
その配管・配線を
丁寧に写そう

仕上げに隠れる防湿シートの様子

STEP9 造作と仕上げ

☐階段納まり
☐キッチン配管など
☐フローリング張り
☐家具組み立て
☐下地表面処理

キッチン配管はしっかり
写しておきたい

フローリング作業の様子

STEP10 検査と外構

☐門への配管（電気用）
☐塀基礎
☐検査時の記録

門の照明、
インターフォンへの配管は
維持のこともあるので
写しておく

検査の様子

建築士 の 検査日程は早めに
基礎力 05 決めよう

検査日程の調整は、工事の進行の中での調整なので難しいが、早めに予約しよう。検査は主な項目を予測し準備しておけば問題はない。

　確認申請関連の公的検査には中間検査と完了検査があります。

　中間検査は、特定行政庁によって微妙に異なる特定工程（屋根完了後など）時の検査のこと。木造2階建てでは不要なことも多い。この検査の合格により、原則、次の工事は進められる。進みすぎてチェックできない部分がある場合や、確認すべき部分の未施工が多い場合は合格証が遅れたり、工期に影響したりすることがあるので気をつけよう。

　完了検査は、確認申請どおりに完成しているかの検査。そのほかに、施工業者の自社検査、監理建築士、建築主の検査がある。さらには、各種申請（ローン、性能表示、長期優良、瑕疵担保保険など）の検査がある。

STEP4　骨組みづくり

☐中間検査
☐各種申請の構造検査

STEP10　検査と外構

☐完了検査
☐各種申請の最後の検査
☐施工業者・設計事務所・建築主検査

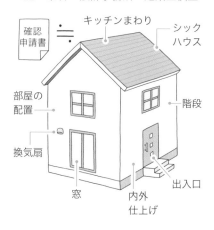

高さ

耐力壁
金物
安全
配置

構造が安全にできているかの検査

確認申請書
キッチンまわり
シックハウス
部屋の配置
階段
換気扇
窓
内外仕上げ
出入口

申請どおり・図面どおりに完成しているかの検査

建築士 の 現場の変更は
基礎力 06 軽微なものか確認しよう

現場の変更が軽微なものでなく、計画の変更を伴うものになると、工期や予算にも大きな影響が及ぶので慎重にしたい。

　現場で了承した変更が、軽微なものではなく計画の変更を伴うものとなると「計画変更確認申請書」の提出、つまり、変更箇所の再審査が必要となります。この確認済証が出ないと、変更以降の工事は原則できなくなってしまいます。申請のないまま進めると完了検査が通らないこともある。あるいは、工事が2〜4週間遅れることも。

　建築主の変更依頼が計画変更の必要なものなら、工事の延期、予算の増加などもあることを伝えたうえで慎重に進めよう。とくに、サッシが取りつくまでの変更には気をつけたい。

▼こういった変更は計画変更の可能性が高い！

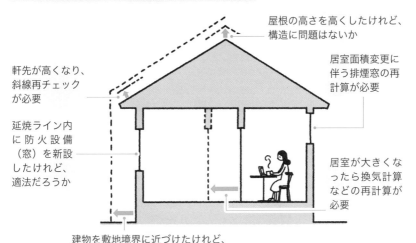

屋根の高さを高くしたけれど、構造に問題はないか

居室面積変更に伴う排煙窓の再計算が必要

軒先が高くなり、斜線再チェックが必要

延焼ライン内に防火設備（窓）を新設したけれど、適法だろうか

居室が大きくなったら換気計算などの再計算が必要

建物を敷地境界に近づけたけれど、斜線や採光は大丈夫？

「軽微な変更」とはどういうこと？
軽微な変更については、建築基準法施行規則第3条の2で「変更後も建築物の計画が建築基準法関連規定に適合することが明らかなもの」と規定されているのだが、特定行政庁・確認検査機関によって微妙な違いもあるので、変更時には、直接問い合わせて確認しておこう。

建築士の基礎力 07　工事の延長では調整も必要

さまざまな工事トラブルのひとつに「工事の遅れ」がある。調整が可能であれば、施工業者、建築主にアドバイスをしよう。

　工事が遅れているとき、建築主は施工業者の怠慢_{たいまん}と捉えがちです。しかし実際は、工事の遅れは工事の費用がかさむものなので、施工業者が好き好んで遅らせているわけではありません。この事実を建築主に説明し、納得してもらい進めてほしいものです。その費用は、契約的には（請負代金×遅滞日数/365日）×10%が違約金というのが一般的です。

　また、建築主にとって、子どもの入学時期に影響する、仮住まいの家賃が増えるなどの損害がなく、許容できる範囲であるならば、遅滞を嫌って急ぐより、しっかりと工事をしてもらったほうが得という考えもあります。施工業者と冷静に話し合うように促すと良いでしょう。

　長く住む住宅。何日かの遅れを嫌って急いで仕上げるような仕事を避けたいのは、監理者や施工業者はもちろん、建築主にとっても同じはずです。

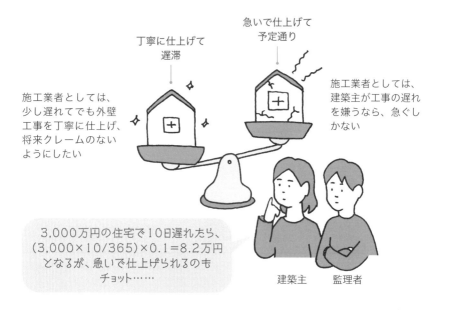

丁寧に仕上げて
遅滞

急いで仕上げて
予定通り

施工業者としては、
少し遅れてでも外壁
工事を丁寧に仕上げ、
将来クレームのない
ようにしたい

施工業者としては、
建築主が工事の遅れ
を嫌うなら、急ぐし
かない

3,000万円の住宅で10日遅れたら、
（3,000×10/365）×0.1＝8.2万円
となるが、急いで仕上げられるのも
チョット……

建築主　　監理者

建築士の基礎力 08

監理のラストもキッチリ締めたい

工事の引渡しは施工業者の最後の大切な業務だが、監理者も建築主に工事監理報告書を渡し、しっかり監理業務を締めよう。

STEP10には、最後に建築主の検査があり、ダメ出しがあればその直しを経て、STEP11の工事の引渡しとなる。それに合わせて建築主に工事監理報告書を渡し、工事監理を完了しよう。私は、下記のような工事監理業務完了確認書を作成し、締めることにしています。

長谷川邸工事監理業務完了確認書

山川建築事務所

下記書類・報告にて、長谷川邸工事監理業務の完了を確認しました。
□工事監理報告書（建築士法による）
□中間検査申請書・中間検査合格証
□完了検査申請書・検査済証
□施工関連の報告書（コンクリートの圧縮試験など）
□確認申請書副本（一時預かり返却）
□竣工検査時、直し確認表
□管理委託料の最終請求書
□1年検査の予定 20●●年●●月前後で調整ができる日
　　日　付　20●●年●●月●●日
　　建築主　長谷川　弘

入居後の不備などがあれば、施工業者とともに対処しますので、いつでもご連絡ください。長いお付き合いです。よろしくお願いします。

その他、別添付の書類
□工事監理報告書（事務所独自）（➡ P.251）
□工事写真（監理者撮影）（➡ P.251）
□竣工時訂正図面（プレカット承認図・現場訂正図）
□増減による支払い額の変更など
□工事業者連絡表

プロの押え処

まずは、スケジュールのチェックだ！

敷地や建物の高さの基準を地鎮祭のときに確認したら、
事務所で工程表を見つつ、監理のスケジュールを練る。

監理のスケジュールを見渡す

工程表を受け取ったら、何色かのペンで、現場に行くべきポイント、
打ち合わせが必要なポイント、環境に左右されやすい工事（塗装など）、
経験者や業者に教えてもらったタイミングなどを記入し、工程全体を俯
瞰します。

工程表は製本した図面に貼付するなどしていつでも見られるようにし
ておきたいですね。現場で気づいたことを記入していくと、次の現場へ
のフィードバックにもなるのでオススメです。

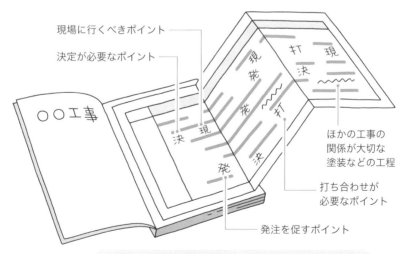

現場に行くべきポイント

決定が必要なポイント

〇〇工事

ほかの工事の
関係が大切な
塗装などの工程

打ち合わせが
必要なポイント

発注を促すポイント

最近では、図面が製本からタブレットへ移行している
ほか、工程表や書類のもろもろもデジタル化し、
タブレットがあれば事足りる時代となってきているので、
タブレット時代ならではの工夫も必要だね

建築主への現場説明のタイミングを記入する

　建築主への現場説明は、住宅では大切な業務です。少なくとも8回くらいは現場の様子を見てもらい、監理の説明ができれば、建築主の納得度が高くなります。事前に、確認事項や決定したい項目を建築主にメールしておくといいでしょう。

① 地鎮祭
一緒に近隣へのあいさつをおこない、
配置のおおまかな説明をする

② 基礎配筋の様子
基礎工事の配筋の様子とともに安全性を説明し
監理をアピールしよう

③ 上棟式
屋根の色決め、部屋の配置の説明をすると良い。
UB発注があるので、仕様の再確認も

④ 構造の様子
木構造接合金物・耐力壁、外壁通気などは
写真では伝わらないので、現場で説明しよう

⑤ 断熱材の様子
断熱材の施工の様子は、
建築主の印象に残るものなので丁寧な説明を

⑥ 仕上げ前の様子
仕上げ材の再確認、コンセント位置の確認、
塗装の色決めなどをおこなおう

⑦ 仕上がりの様子
キッチンや造作工事の説明とともに、塀や門扉
の確認なども忘れずに

⑧ 竣工検査
仕上げの維持の仕方、機器の使い方などの
説明をしよう

現場打ち合わせの記録の書式とは？
現場打ち合わせの記録の書式は、いろいろな形式があるが、完成時に渡す事務所独自の「監理報告書」用に簡単に修正移行できるように工夫しておくと良い（➡ P.251）。

プロの押え処

STEP2 基礎づくり❶
監理者のプレカット図チェック

工事が始まると早速プレカット図のチェックがある。迅速さも大事だが、仕上がりに影響する箇所は丁寧に。

プレカット図で金物の位置と仕上げの関係を見極める

木の材種や平面および高さの寸法チェックは基本中の基本ですが、金物の仕上げへの影響はしっかりチェックしたい。

▼伏図

開口部や吹き抜け面、化粧梁のホールダウン金物、羽子板ボルトの位置などを赤で記入し、影響がないかを確認する。また、アンカーボルトが耐力壁両端と法定間隔を守って固定されているかも確認しよう

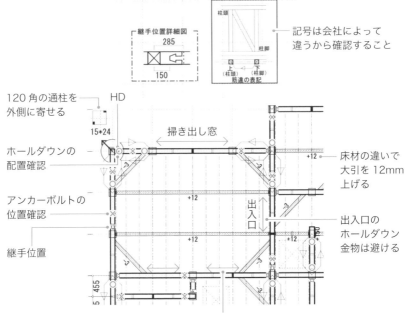

継手位置詳細図
285
150

柱頭
柱脚

記号は会社によって
違うから確認すること

上
（柱頭）
下
（柱脚）
筋違の表記

120角の通柱を
外側に寄せる

HD

15*24

掃き出し窓

+12

床材の違いで
大引を12mm
上げる

ホールダウンの
配置確認

アンカーボルトの
位置確認

+12

出
入
口

継手位置

+12

+12

出入口の
ホールダウン
金物は避ける

455
5

金物が影響するので開口部位置を記入してチェックする

▼軸組図

床レベル、天井レベル、開口部の有無、部屋名などを赤ペンで記入し、とくに大梁と配管、換気扇の取り合い、天井と大梁の関係などをチェックする

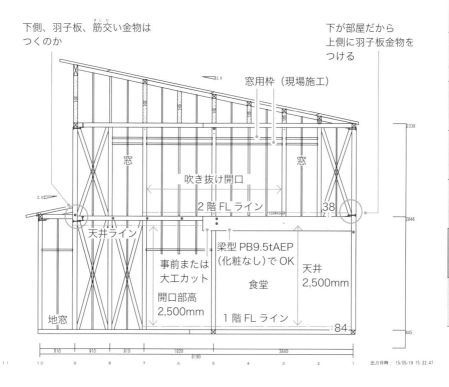

下側、羽子板、筋交い金物はつくのか

下が部屋だから上側に羽子板金物をつける

窓用枠（現場施工）

窓

窓

吹き抜け開口

2 階 FL ライン

38

天井ライン

梁型 PB9.5tAEP（化粧なし）でOK

事前または大工カット

開口部高2,500mm

食堂

天井2,500mm

地窓

1 階 FL ライン

84

910　910　910　1820　3640
8190

出力日時：15/05/19 15:32:47

コンクリート配合計画書のポイント

　配合計画書はおおむね問題はないが、

□所在地
□呼び強度
□スランプ
□水セメント比（60%以下）
□塩化物含有量（0.3kg/m³ 以下）

　などは要チェック。構造設計者がいればその指示に従うこと。

　所在地は、コンクリートを打ち終わるまでの 120 分（25℃の環境下）に無理がないか確認しよう。

プロの押え処

STEP2 基礎づくり❷
鉄筋とボルトをしっかり確かめる

現場での粗さに引きずられないようにしたい。とくに、
アンカーボルトの設置は神経質なくらいが良い。

基礎の鉄筋とアンカーボルトを想像しながらチェック

監理として、鉄筋の配置やかぶり厚さ、コンクリート打設などの確認
は重要だが、アンカーボルト、ホールダウン金物用アンカーボルトの設
置、補強筋はとくに丁寧にチェックしたい。

木造2階建ての鉄筋は D10、D13 の2種類がほとんどで、太さは目
視でわかる。間隔も靴の長さなどと比較すれば、大きな間違いは避けら
れるだろう。ざっと鉄筋の太さと配筋間隔を確認したら、次は鉄筋の継
手と定着、アンカーボルト位置を一つひとつチェックしよう。

たとえば「この鉄筋はここで切れているけど大丈夫?」「ボルトは土
台上面からどれくらい出るのだろう?」「土が近いけど鉄筋は錆びない
かな?」──このようにイメージしていけば大きな間違いを避けられる。

▼引張力を助けるためにある、埋め込み長さやつなぎの重なりが鉄筋は大切

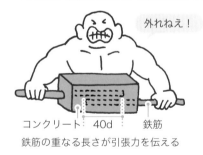

外れねえ!

コンクリート 40d 鉄筋
鉄筋の重なる長さが引張力を伝える

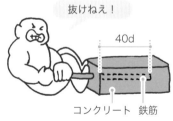

抜けねえ!

40d

コンクリート 鉄筋
埋め込む長さで引き抜き力が増す

「40d」の「d」には鉄筋の直径が入る。つまり、D10 ならば、40×10 =
400mm、D13 ならば、40×13 = 520mm ということ。測る前に「足りなそう」
などが直感的にわかるようにしたい。

▼補強筋は割れやすい部分を鉄筋で引っ張ってとめているもの

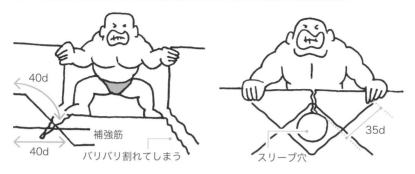

40d

40d

補強筋

バリバリ割れてしまう

入隅は割れやすい。だから補強筋で
つなぎとめる

35d

スリーブ穴

穴があると弱くなるから鉄筋で
割れないようにしよう

▼アンカーボルトのナット部分の出っ張りは仕上げの邪魔をする

一般的なアンカーの出っ張り

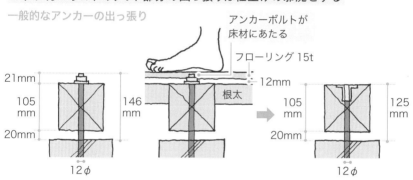

アンカーボルトが
床材にあたる

フローリング 15t

21mm

105
mm

20mm

12φ

146
mm

根太

12mm

105
mm

20mm

12φ

125
mm

アンカーボルトの先が土台より突出するのが一般的だが、
床仕上げ、サッシ下枠などに悪影響を及ぼす場合は避け
るしかない。でも、避けられないときは？

ご安心ください！
ボルト先端を土台に埋め込
める製品があり、この段階
でなら変更可能！（➡P.178）

ホールダウン金物も、サッシや開口部枠の
取りつけの邪魔をするので注意しよう

コンクリートも大切だよ

コンクリート打設後の養生も大切。コンクリートは、水との反応で固まる
から夏季の脱水症状は良くない。シートで覆ったり、水まきをしたりといっ
た対応が必要です。

プロの押え処

STEP3 骨組みづくり

折れるんじゃない、外れるんだ!

木造軸組みは、折れて壊れるのではなく、外れて壊れるもの。現場では柱・梁が外れないかを注視しよう。

耐力壁まわりの外れやすいところをイメージする

　地震という横からの力で、土台や柱・梁、筋交いがどのように変形するかを考えてみよう。特別な力学知識はいらない。離れようとする部分ががんばってくれれば簡単に壊れることはありません。だからこそ、外れやすい部分を金物でしっかり緊結したい。

▼地震が起きたとき耐力壁は?

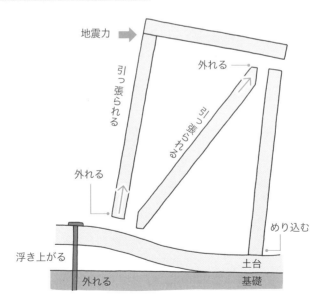

地震力 →

引っ張られる

外れる →

引っ張られる

外れる

めり込む

浮き上がる

外れる

土台

基礎

アンカーの間違いはあってはならないが、強度報告書つきのケミカルアンカーで、後施工対応することもあるよ

外れぬ先の金物たち

　木造の柱・梁、筋交い、耐力壁が「外れないだろうか」と考えながら、順を追って現場を見ていこう。まずは、柱の上下の接合部を写真に撮る。そのあとで、一つひとつ図面と照合しながら確認していく。

▼筋交いと柱、土台

外れるところ

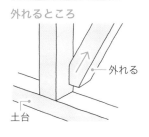
外れる
土台

対策の緊結金物

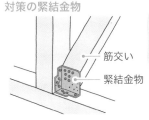
筋交い
緊結金物

筋交いの板厚
30mm用、
45mm用があるので
間違えないように

▼胴差と梁

外れるところ

外れる
胴差し
管材
梁

対策の緊結金物

胴差し
管材
梁
緊結金物

梁横、梁上、梁
下など設置位置は
いろいろある。
仕上げと干渉しない
ようにしたい

▼胴差と柱

外れるところ

柱
外れる
胴差し

対策の緊結金物

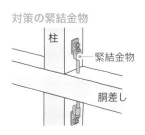
柱
緊結金物
胴差し

引張力に合わせて
柱接合金物、羽子
板ボルト、ホールダ
ウン金物を選ぼう

釘も忘れない！

　釘のチェックも大事です。釘の種類（色分けされているものも多い）、釘の打ち込み間隔、頭の適正深さなどについて、何か所かで確認し写真に撮っておく。ビスの場合は、認定ビスかどうかを確かめよう（➡ P.174）。

プロの押え処

STEP4 屋根づくり

屋根の通気と軒先・ケラバの調整

屋根の納まりは、屋根の性能と美観にかかわることなので、上棟時にしっかり打ち合わせておこう。

屋根の通気と軒先・ケラバの納まり

屋根は、雨水、雨音、断熱、通気など確認することが多い。しかし、上棟後、屋根の完成までは時間が少ないうえに、図面に指示していても、職人のルーティンで施工してしまうことがあるので気をつけたい。

とくに狭小地では、軒先・ケラバ（屋根の出っ張っている部分で、雨樋がつかないほうのこと）の施工次第では、斜線や採光の基準を守れないこともあるので、施工業者としっかりと打ち合わせしておこう。

▼屋根の通気ルートを確認する

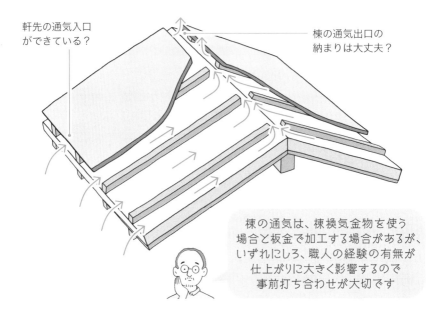

軒先の通気入口ができている？

棟の通気出口の納まりは大丈夫？

棟の通気は、棟換気金物を使う場合と板金で加工する場合があるが、いずれにしろ、職人の経験の有無が仕上がりに大きく影響するので事前打ち合わせが大切です

軒先の通気口と樋の取り合い

　屋根の通気は、軒先から取り入れる場合と、壁の通気と一緒にする場合がある。また、専用金物を使う場合と、板金で加工する場合がある。それぞれの事情に合わせて、軒先とケラバの納まりに気をつけたい。雨漏り、斜線との取り合いもあるので、樋の

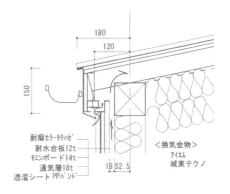

180
120
150

耐磨カラータテハゼ
耐水合板12t
モエンボード14t
通気層18t
透湿シート PPバンド
1B 52.5

＜換気金物＞
アイエム
城東テクノ

処理も含めて打ち合わせをしておきたい。当然、棟換気も忘れないでください。

ケラバの通気は大丈夫か

　伝統的な屋根のケラバは、母屋を外壁より突き出し、垂木をかけ、破風板で覆うのが一般的です。しかし、屋根を軽快にするために、下図のような納まりをすることも多いのですが、このとき、屋根の通気が取れないこともあるので、あらかじめ打ち合わせをしておくことが大切です。

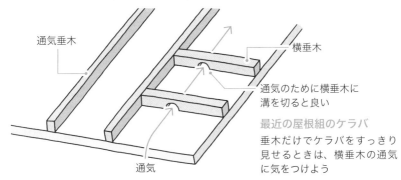

通気垂木

横垂木

通気のために横垂木に
溝を切ると良い

最近の屋根組のケラバ
垂木だけでケラバをすっきり
見せるときは、横垂木の通気
に気をつけよう

通気

釈迦に説法だが「仕上げは下から」

　あたり前のことだが、水の流れに合わせ、防水紙や屋根仕上げ材、外壁防水紙は下から仕上げていくのが基本です。間違えることなどほとんどないとは思うが、念のため現場でチェックしよう。

プロの押え処

STEP5 外壁づくり

通気は抜き、水は入らないように

外壁の通気ルートができているか、壁内に水が浸入しないか、空気や水になったつもりでチェックしよう。

外壁の通気ルートは確保されているか

　外壁の通気層が確保されているか、外壁材が施工される前に確認する。空気は胴縁(どうぶち)の下部入口から入り、軒下または屋根の通気口から排気される。庇(ひさし)や窓、笠木(かさぎ)で空気の流れが止まっていると、そこは湿気の巣窟(そうくつ)となる可能性があるので気をつけたい。空気は上へ上へだ。

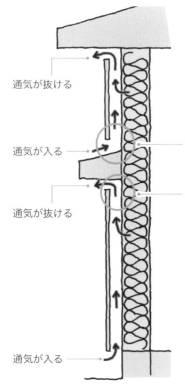

通気が抜ける

通気が入る

通気が抜ける

通気が入る

この部分は水の浸入もあるため、職人がふさいでしまうこともあるので要注意

この部分をふさいでしまうことがあるので要注意

こんなトラブルも…
もともと通気層をしっかり取っていたのに、最上部を職人が丁寧に横胴縁でふさいでしまったトラブルの相談がありました。このときの通気層の湿度は90%以上でした。残念ですが、施工のやり直しを助言するしかありませんでした。

壁の通気層を遮る部分が水の浸入箇所

　雨は上から下に落ちるが、壁に横なぐりの風があたるときは、横からの雨水の浸入も考えておく必要があります。防水対策で大切なことは、もし雨が浸入しても逃すような工夫もしておくことです。

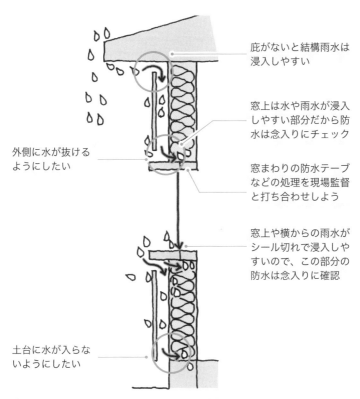

庇がないと結構雨水は
浸入しやすい

窓上は水や雨水が浸入
しやすい部分だから防
水は念入りにチェック

外側に水が抜ける
ようにしたい

窓まわりの防水テープ
などの処理を現場監督
と打ち合わせしよう

窓上や横からの雨水が
シール切れで浸入しや
すいので、この部分の
防水は念入りに確認

土台に水が入らな
いようにしたい

窓まわりの外壁はヒビも生じやすく、そこからの雨水の浸入も考えて防水処理をしておきたい。ヒビが出そうなところは、先に目地を切ってシールしておくのも良いだろう

窓を美しく納める

　窓の取りつけ時の注意点は、防水や通気だけじゃない。壁のタイル目地などをきれいに納めたいときは取りつけ位置の調整も大切です。窓は、取りつけ幅と室内側の額縁幅、外部枠幅の寸法がそれぞれ微妙に違うからだ。

プロの押え処

STEP6 配管と配線
より良いルート探し

屋内の配管・配線は柱・梁、土台を避けるのが基本だが、
配管音や結露の対策が必要な場合もあるのでチェック。

より良いルート、より良い対応を目指す

よく考えた図面でも、現場で職人を交えて話すと、配管や配線のより
良いルートや対策が見つかるものです。あきらめないで検討しよう。

▼ダクトや配管は柱・梁を避ける

天井換気扇ダクトのルート
梁にかかることもある。現場で対応し
なければならなくなったら、ダクトを
棚などでカバーするのも手

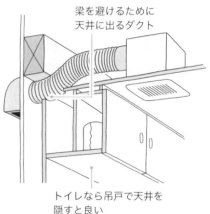

梁を避けるために
天井に出るダクト

トイレなら吊戸で天井を
隠すと良い

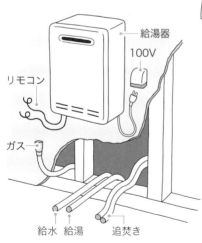

給湯器
100V
リモコン
ガス
給水　給湯　追焚き

湯沸器用の配管・配線
たくさんの配管・配線がつながる。
壁を貫通したり、土台を欠損させ
たりすることもあるので、工事前
に話し合っておきたい

構造の欠損すべてがダメなわけではない。
実際に羽子板ボルトの穴などはあけている。構造設計者と
相談し、許容範囲をまとめておくと良いぞろう(➡P.179)

▼配線は上げ床・胴縁でルートを確保する

近年は構造材の施工精度も上がり、躯体に直接、床下地板、壁下地板を取りつけることも多くなっている。しかし、配線ルートが取れなくなり、構造を傷めることになるなら本末転倒だ。配線のために胴縁を取りつけたり、床上げをしたりするのも手です。ただし、床上げしたら、階高が変わるので階段の調整をすることを忘れずに。

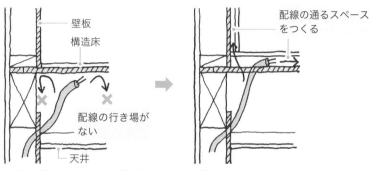

2階梁か仕上げを欠かないと、2階壁に配線ができない

2階壁・床下地に余裕をもたせると配線ができる

▼温度差のある部屋を横断する配管は結露の心配あり

配管やダクトによる結露や音の問題は現場で気づくことも多い。結露は、暖かい空気と冷たい空気の境界で起こるので、保温材を隙間なく巻くことで対応する。一方、配管音は、躯体と配管を離し、遮音材を巻くことで対策しよう。

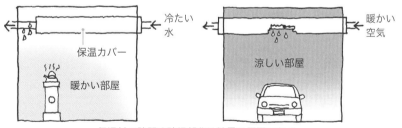

保温材の隙間や破損部分は結露の原因になる

洗濯機はどんなタイプか

洗濯機の水栓、排水の位置は、洗濯機の形式によっては移動を余儀なくさせられることもある。建築主に再度確かめておこう。ドラム式の洗濯機は重いので、設置しやすいように横スペースをあけたり、洗濯パンをつけないように対応したりすることもある。

Kuruba's Point

プロの押え処

STEP7 断熱

隙あらば、熱は侵入する

空気や物がある限り、伝わる熱を完全に断つことはできないが、断熱材の抜けを許すと痛い目にあう。

小さな隙間を見つけるゲームと心得よう

現場に行ったら、まずは、断熱材の種類・規格が問題ないか確認します。間違って現場に納品されていることもあるので要注意です。その後は、ちょっと意地悪く、隙間探しをしましょう。隙間を見つけたら、同種の断熱材をつぶさない程度に補填して埋めるか、狭いところはスプレー式の断熱材を充填してもらうように指示します。

窓まわり
窓の取りつけ枠と柱などの小さな隙間に入れ忘れがある

ダクトや配管まわり
埋め込みを忘れたり、狭すぎていい加減に埋め込んだりしているものも多い

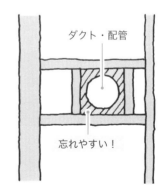

UB（ユニットバス）まわり
実施設計の章で取りあげた図を参考にチェックする。
UB が設置されてしまうと対応できないこともあるので
事前確認を指示しよう（➡ P.164）

▼1階根太と壁の取り合いは注意

根太間に詰める床断熱材が壁の
手前で止まって、壁断熱材が根太
の上で終わっていれば、そこに隙
間ができてしまう。これは、職人
の断熱材への無理解からくるミス
だが、よくあるので注意しよう。

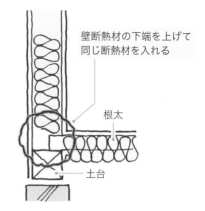

壁断熱材の下端を上げて
同じ断熱材を入れる

根太

土台

▼外部につながる壁は外壁だけじゃない

間仕切り壁は外壁ではないので
断熱の対象外だが、上下は床、天
井断熱の切れ目となることが多い。
グラウスールなどを埋めて、対処
してもらおう。

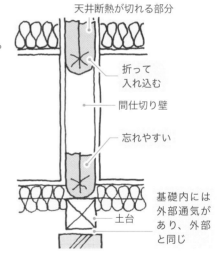

天井断熱が切れる部分

折って
入れ込む

間仕切り壁

忘れやすい

基礎内には
外部通気が
あり、外部
と同じ

土台

ダウンライトと断熱材

断熱材・防音材を敷き込んだ
天井にダウンライトなどの埋め
込み型照明器具を設置するとき
には断熱施工用のものを使う。
使用できるかどうかはマークで
確認する。

ブローイング・
マット敷タイプ
対応［SB］

マット敷
タイプ対応
［SGI］

プロの押え処

STEP8 内部下地と外壁

隠れる前にする作法

内部壁内は石膏ボードなどで覆われてしまう前に、防湿シートや下地の調整をしておこう。

▼防湿シートの施工は際が大切

防湿シートは、密閉が大切。いい加減な張り方だと壁内に結露が生じる可能性もある。とくに、梁下、床際、配管際などに施工不良やめくれがないかを念入りにチェックする。気密テープでの対応が必要なら指示をする。

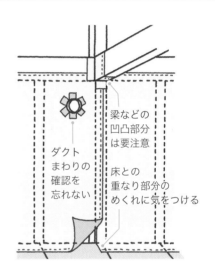

ダクトまわりの確認を忘れない

梁などの凹凸部分は要注意

床との重なり部分のめくれに気をつける

▼在来浴室の湿気は壁に入れない

在来浴室ではRCまたはブロック立ち上がりと木造壁が下地となる。木造壁、天井は防湿シートで覆い完全に密閉する。RC壁との上部土台の隙間はシールをして、下地段階でも再度シールをして、完全に遮断する。

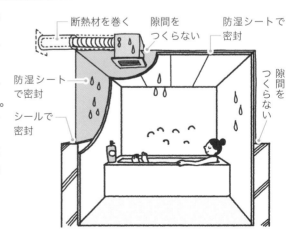

断熱材を巻く

隙間をつくらない

防湿シートで密封

防湿シートで密封

シールで密封

隙間をつくらない

▼壁・天井下地は補強と埋め込み器具を押さえておく

　展開図や天井伏図を見ながら、照明器具や手摺りをどう取りつけるかイメージする。設備機器、重いものを掛けるフック、家具など、壁や天井につけるものについて、建築主と位置を確認し、壁の補強をしておこう。

重い照明用フック

スピーカー

プロジェクター

大事なものを
吊るフック

重いものを
吊るフック

壁かけテレビ用補強は、
実施設計で図面化しているが
建築主と現場で再度相談して
位置を決めよう（→ P.161）

壁かけテレビも補強の対象。現場でどこに取りつけたいか、
建築主と相談しておこう。ちなみに、壁がシナ合板などの
場合は、軽いものなら下地補強なしでOKの場合もあるよ

配線ダクトやPレールを埋め込む

埋め込み深さPB9.5mm以上だと、下地段階で調整が必要となる場合もあるので気をつけたい

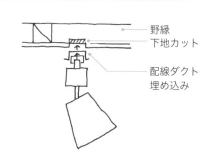

野縁
下地カット

配線ダクト
埋め込み

危ない！　落下には要注意！

　この段階で気をつけたいのが、1階床の確認です。断熱材を入れて、床下地材が固定されていないときには、現場でのチェック中に落ちてしまうことが……。ちなみに、私は2度ほど落ちたことがあります。

プロの押え処

STEP9 造作と仕上げ
一気に進む現場で注意すること

仕上げ時の現場はせわしなく目の行き届かないことが多くなる。監理者の立場で心がけたいことは何だろう。

監理者としてできることをしよう

　職人も施工業者もトラブルのないよう注意して進めてきているはずですが、工期も残りわずかとなると、現場は一層忙しさを増し、現場監督でさえも気づかないことが多くなります。現場を俯瞰できる監理者として気づいたことがあれば、すぐに、対応をしてもらおう。

▼養生をチェックする

無垢材のフローリング
無垢材は日焼けで色が変わってしまうので、養生シートはきっちり覆ってもらおう

日焼けした
フローリング

養生シート

和室
和室は化粧材が多い。養生テープの接着部の汚れにも注意が必要だ

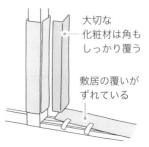

大切な
化粧材は角も
しっかり覆う

敷居の覆いが
ずれている

階段
段鼻の覆いははがれやすいから、しっかり養生して保護する

左右を
きっちり
とめる

はがれのないよう、
段鼻はしっかり
保護する

浴室
浴槽も隙間なくカバーしよう

▼各工事が重なると仕事の質も落ちる

塗装工事、左官工事、クロス工事、設備機器の取りつけ工事、タイル工事などは、ほかの工事と重複させたくない。工程表と現場の様子を見て、必要なときは現場監督に相談するなど注意を促そう。

建具業者の横でクロス張りは NG
建具業者が調整で建具を削ることもある、クロス張りにホコリは厳禁だ

床タイルを貼っているのに職人が行き来
これでは、落ち着いて仕事ができないね

ペンディングや変更を避けるために

この段階での保留や変更は工期を遅らせるだけでなく、複数の工事がバッティングする原因にもなる。追加見積が出る前に急いで施工すれば、あとでトラブルになることもあり、良いことはない。

建具の仕様、塗り見本の依頼、クロス選び、家具の仕様やつまみなど、この段階では現場即決を目指そう。そのためには、準備あるのみ。

説明しておけば良かった……

針葉樹系の無垢材のフローリングは、季節によって乾燥収縮が大きめです。職人は、冬場の施工時には梅雨時の膨張を考えて隙間を少し大きくとって施工するものです。でも、それを見た建築主が不安を抱くこともありますから、先に説明しておくと良いですね。

工事監理

249

建築主検査の主な項目

　建築主が現場によく来ている場合は、最後の検査は一部屋ずつ、下記
の項目を中心に確認していきます。無垢材や現場塗装の仕上がりに対し、
工業製品特有の精度やイメージを抱いている建築主も多いので、その許
容範囲について、建築主が心配する前に、問題ないことを丁寧に説明し
たい。

□ 建具の建てつけ、
　戸あたり、
　施錠の確認

□ 仕上げの傷、
　汚れの確認

□ 無垢材、自然素材
　のムラの確認

□ 設備関連の扱いの
　確認
　（照明、給水、給湯、
　ガス機器、換気扇、
　エアコンなど）

□ 造りつけ家具の
　内外確認

そのほか

□ 外装、室外機、
　外構の確認

□ 補修など対処項目、
　完了予定日の確認

Kuruba's
Point

プロ の 押え処

STEP11 完成引渡し
独自の監理報告書を渡そう

完成前後は落ち着かないし、報告書の整理の時間は限られているので、整理しやすい方法を考えておこう。

独自の監理報告書のポイントとは

　建築主には、建築士法で決められたA4用紙2枚の監理報告書とともに、監理の様子が伝わる独自の監理報告書を渡したい（➡ P.221）。私の場合は、工事打ち合わせ後に現場の監理記録を修正し、監理報告書としてそのまま使っている。現場で撮った写真も必要なものだけを分けておけば、数時間で完成します。みなさんも工夫しましょう。

▼工事監理記録・監理写真

表紙

現場の工事打ち合わせ記録を
訂正したものを使う

PDF化してCD-Rに
データを入れて渡す

監理の図面などは
クリアファイルに
まとめる

変更などは図面に記入した
ものをスキャンした図を、
プレカット図や家具図の訂
正後の図面とともにクリア
ファイルに入れて渡す

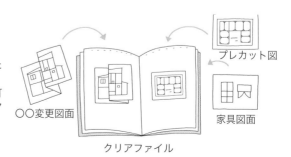

○○変更図面

プレカット図

家具図面

クリアファイル

目指せ街場の建築家 ❶ もっと深めたい！

植栽は4つの視点で捉えてみる

①人工空間をやわらげる

無機的な壁に蔦、グレーの外部床横の植栽。
居間や食堂、テラスからの眺めを考える。
蔦は外壁を傷めることもあるので、建物とは離したい

①人工空間を
やわらげる

②植栽を楽しむ

③環境づくり

①人工空間を
やわらげる

③風や陰などの環境づくり

省エネのためにバルコニーや
居間に木陰を。
防風のための木々も有効

設計者目線で植栽を整理しておこう

　植栽は、基本的にプロにお願いするのが基本です。しかし、住宅の一部にチョット植えたいというような場合は、設計者・監理者として、地被、低木、中高木の中で経験的に良かったものを選んで漠然と勧めてしまうことも多い。でも、建物を一番知っている設計者・監理者の目線で植え方を整理しておくと、植栽選択も明解になる。

　私は、次の4つの視点で決めるようにしています。プロに依頼する場合にも、意図が伝わりやすいのでオススメです。

②植栽を楽しむ
記念の植樹、花壇、家の目印の木、果物のなる木など。
建築主の植栽へのかかわり方をしっかり把握して勧めること

①人工空間をやわらげる

②植栽を楽しむ

④境界を意識せる

④境界を意識せる

④境界を意識させる
生垣、隣家との視線を遮る植栽、アプローチ沿いの植栽。
家の質を上げる役割もある

目指せ街場の建築家 ② もっと深めたい！

役立つ測定機材に挑戦

木材水分計

構造材や無垢材、土台や屋根裏木材の含水率測定に。
表面数ミリの含水率は周辺湿度の影響を受けるので要注意

サーモグラフィ

スマホなどに接続できるものもある。断熱や結露の状況把握に役立つ。省エネ時代の新兵器

湿度計（温湿度計）

棒状のものもあるので通気層や断熱層など狭いところも測れる

風量計

換気扇の実動計測。
開口の大きさと風量で換気量を知りたいときに使う

二酸化炭素濃度計

空気の汚れ、換気不足がわかる

温湿度記録ロガー

室内環境のデータ収集。設計後の住まいの環境調査に役立つ

測定機材でスキルアップを目指す

　正直なところ、測定機材は精度の差、価格の差も大きい。しかし、設計者にとっては精度が少々違っても、データーへの慣れと数値に実感をもつほうが大事です。使ってみたいと思えるものがあれば手に入れてみよう。安い機材は使い勝手の悪いものもあるので、同業者からの情報を得てから購入したい。設計や監理のレベルアップのために使えそうなものを上手に選んで活用しよう。

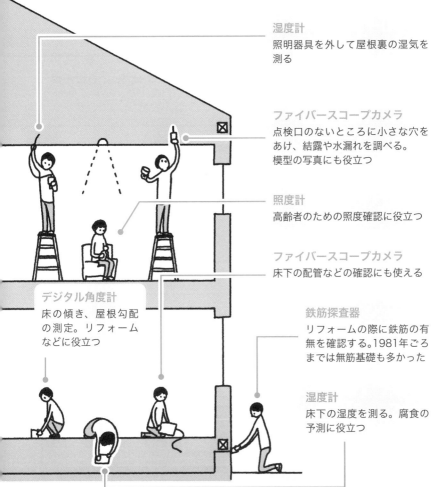

湿度計
照明器具を外して屋根裏の湿気を測る

ファイバースコープカメラ
点検口のないところに小さな穴をあけ、結露や水漏れを調べる。模型の写真にも役立つ

照度計
高齢者のための照度確認に役立つ

ファイバースコープカメラ
床下の配管などの確認にも使える

デジタル角度計
床の傾き、屋根勾配の測定。リフォームなどに役立つ

鉄筋探査器
リフォームの際に鉄筋の有無を確認する。1981年ごろまでは無筋基礎も多かった

湿度計
床下の湿度を測る。腐食の予測に役立つ

自分なりの 工事監理リストの蓄積

自分なりのチェック表を作成する

　木造住宅レベルの現場は、ひとりの監理者が数多くの項目をチェックする必要があります。

　私の場合は現場に打ち合わせ内容を記した工事監理記録をもって臨みます。このとき、過去の工事で気にとめるべき内容を記した「工事監理チェック表」（下図）を使います。それをもとに確認し、その都度、修正・追加をして、ブラッシュアップします。

言葉不足だが、自分がわかれば良いので簡単に

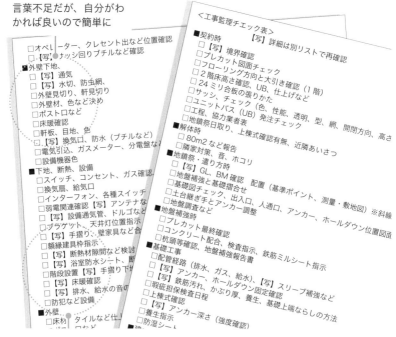

□オペレーター、クレセント出など位置確認
□【写】●ッシ回りブチルなど確認
■外壁下地、
　□【写】通気
　□【写】水切、防虫網、
　□外壁見切り、軒見切り
　□外壁材、色など決め
　□ポスト口など
　□床暖確認
　□軒板、目地、色
　□【写】換気口、防水（ブチルなど）
　□電気引込、ガスメーター、分電盤な●
　□設備機器色
■下地、断熱、設備
　□スイッチ、コンセント、ガス確認●
　□換気扇、給気口
　□インターフォン、各種スイッチ
　□弱電関連確認【写】アンテナな●
　□【写】設備通気管、ドレゴなど
　□ブラケット、天井灯位置指示
　□【写】手摺り、壁家具など合●
　□額縁建具枠指示
　□【写】断熱材隙間など検討●
　□【写】浴室防水シート、断●
　□階段設置
　□【写】床暖確認
　□【写】排水、給水の音●
　□防犯など設備
■外壁、
　□床材　タイルなど仕●

＜工事監理チェック表＞
■契約時　　　　　【写】詳細は別リストで再確認
　□【写】境界確認
　□プレカット図面チェック
　□フローリング方向と大引き確認（1階）
　□2階床高さ確認、UB、仕上げなど
　□24ミリ合板の張りかた
　□サッシ　チェック（色、性能、透明、型、網、開閉方向、高さ
　□ユニットバス（UB）発注チェック
　□工程、協力業者表
　□地鎮祭日取り、上棟式確認有無、近隣あいさつ
■解体時
　□80m2など報告
　□隣家対策、音、ホコリ
■地鎮祭・遣り方時
　□【写】GL、BM確認　配置（基準ポイント、測量・敷地図）※斜線
　□地盤補強と基礎摺合せ
　□基礎工事チェック、出入口、人通口、アンカー
■地盤調査時
　□土台継ぎ手とアンカー調整
■地盤補強時
　□プレカット最終確認
　□コンクリート配合、検査指示、鉄筋ミルシート指示
■基礎工事
　□杭頭等確認、地盤補強報告書
　□配管経路（排水、ガス、給水）
　□【写】アンカー、ホールダウン固定チェック
　□【写】鉄筋汚れ、かぶり厚、養生、基礎
　□上棟式確認
　□【写】アンカー深さ（強度確認）
　□養生指示
　□防湿シート

地盤補強、ホールダウン位置図面
【写】スリーブ補強など
瑕疵担保保険査日程
基礎上端ならしの方法

撮り忘れてしまう写真は、ひとつの現場につき数か所はあるもの。要注意項目だね

今の時代の
地鎮祭の話

　地鎮祭や上棟式をしない建築主も、最近は多くなりました。

　上棟式は鳶や大工が、職人（昔は村の人）の手を借りる建て方をしたときに、みんなで祝う式典です。今ではクレーン車で淡々と進むので、お祝い感がなく上棟式が少なくなるのもわかります。

　地鎮祭は土地を使うことを氏神様に許してもらう儀式です。ですから、土地や物に神様がいると信じていなければ必要ない儀式です。戦後ですが、公共建築物の地鎮祭は、宗教的儀式ではないかと避けられてきた経緯はありますが、現在は個人宅では神式にこだわらず、キリスト教や仏教でも普通におこなわれています。

　そういえば40〜50年前から、地球をガイヤ（地球の生命体）と呼ぶことがありますが、今、環境問題を考えるには地球をひとつの生命体と考えるのも良いものですね。であるなら、土地を使って家を建てることは、地球に感謝することでもあるのかなと思います。いかがでしょう。

　私は地鎮祭をしないと決めた住宅でも、建築主に了解を得たうえでですが、施工業者と設計事務所でささやかに塩や米、酒を敷地の四隅にまいて土地に感謝して工事を始めます。建築主には「土地を傷つけるのではなく、土地を生かした家を建てますよと、土地にお願いしました」と伝えると、良かったといってくれます。土地の恵みに感謝する気持ちは、都市生活ではますます薄くなってきていますが、ひとときの土地への感謝です。

Part 8

住宅の維持

住まいはできたときが一番良くて、あとは古くなるだけなんて悲しい話です。

　住み手とともに成長とまで欲張らなくていいから、せめて生活になじんで住みやすい家になってほしいと願います。

　そのためには、維持を楽しめる家、維持のハードルを低くする家の設計を心がけることも必要でしょう。また、完成した家の維持のために積極的にアドバイスなどもできるようにしたいもの。

　また既存建物の維持や再利用の設計スキルアップも目指したいですね。

建物はちゃんと維持すれば、長持ちするんだ

建築士の基礎力 01 維持の目安をアドバイスする

住み始めると、維持管理についてのことがいろいろ出てくる。点検時期や補修時期の目安を表にして渡しておくと良い。

理想的な維持となると、そのための**点検時期**や**補修時期**は下記に挙げた時期よりも短いほうが望ましい。だが、建築主にとってはこのくらいのスパンで考えるのが現実的だろう。あくまでも参考まで。

1 年	手入れ〈1 年検査〉	●建具の調整 ●外部木部塗装 ●機器・仕上げの汚れ
2 年	錆と手入れ	●外部鉄部塗装 ●障子張りかえ ●無垢材用ワックス塗
5 年	雨漏りや腐朽	●屋根・雨樋点検 ●シロアリ点検 ●外部木部補修
10 年	内装材の模様がえ	●内部床塗装 ●畳表がえ ●カーペット・カーテン・クロスがえ
15 年	外部と設備	●外壁補修 ●湯沸器・エアコン取りかえ ●雨樋補修　●シーリング補修
20 年	外部と設備	●屋根塗装　●排水桝補修 ●防水補修 ●水栓・ガス台・レンジフード取りかえ
30 年	リフォーム	●間取りがえ　●高齢対応改修 ●配管改修 ●便器・ユニットバス・キッチン取りかえ ●タイル補修　●アルミサッシ取りかえ
50 年〜	建てかえか維持か？	

月2〜3万円くらいを維持補修用として積み立てると、安心して維持ができるね。なお、長期優良住宅の維持管理計画があればそれに従おう

建築士の基礎力 02　住宅瑕疵担保履行法の説明をしておこう

住宅瑕疵担保履行法については、施工業者から説明するのが基本だが、監理建築士としても説明をしておいたほうが良いだろう。

　2020年の民法改正で、「瑕疵」という言葉は「契約の内容に適合しない（契約不適合）」といういい方に変わりました。しかし、住宅瑕疵担保履行法ではそのまま使われています。

　この法律では、10年間の住宅瑕疵担保責任の範囲（屋根、外壁を含む躯体構造部分と雨漏りを防止する部分）と、施工業者が倒産したときの法的なバックアップなどが定められています。雨漏りと水漏れは別扱い。水道管破損などによる水漏れは対象外であることは必ず伝えよう。

▼瑕疵担保のバックアップ例

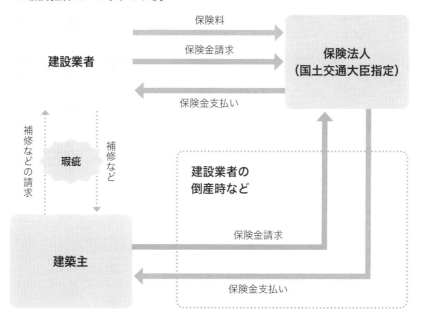

 中小の施工業者では、このような保険型が一般的だが、大きな住宅メーカーでは保証金の供託による方法も可能です

建築士の基礎力 03 維持には大切な保険の話

さまざまな保険があるが、火災保険、地震保険、設計監理や工事関係の保険については建築士の基礎知識として押さえておこう。

火災保険の保険金額は構造によって決まる

　住宅は火災保険の金額算定に、建物の構造が大きくかかわる。2010年以降は日本損害保険協会の示す MTH の構造級別が主な基準となっている。細かな保険内容は各保険会社によって異なるが、基準となる構造については建築士として把握しておきたい。

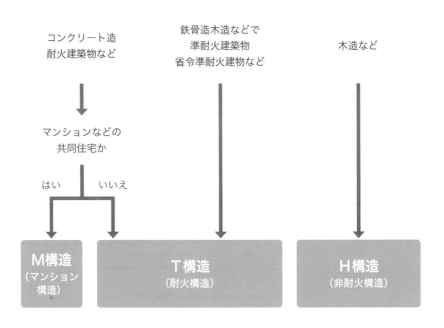

コンクリート造
耐火建築物など

↓

マンションなどの
共同住宅か

はい　　いいえ

鉄骨造木造などで
準耐火建築物
省令準耐火建物など

木造など

M構造
（マンション
構造）

T構造
（耐火構造）

H構造
（非耐火構造）

　M構造とT構造の最大の違いは、独立住宅か共同住宅かという点にあるよ。ちなみに、住宅以外の一般物件の場合は1〜3級で区別している。だから「構造級別」というんだね

地震保険は国がバックアップするしくみだから安心

　地震保険は「地震保険に関する法律」に基づき、政府と民間保険会社が共同で運営し、火災保険とセットで契約することになっている。

　保険料の算出には「損害保険料率算出団体に関する法律」に基づく料率が使われる。ただし、この料率は火災保険と違い、イ構造（主に S 造、RC 造）・ロ構造（主に木造）という建物の構造区分と地域区分によってかわるほか、建築年、耐震等級、免震建築物、耐震診断による割引（2022 年）もある。

▼地震保険・再保険のしくみ

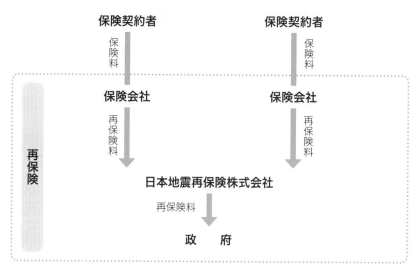

大地震などで巨額な保険金の支払いが発生しても破綻しないよう、国（政府）が「再保険」という形をとって管理・運用をおこなうことで成り立っているんだね

そのほかにも知っておきたい保険

●けんばい（建築士賠償責任保険、建築士事務所賠償責任保険など）
　設計などに起因する損害の補償保険。建築士法で契約が努力義務となっている。

●建設工事保険
　工事現場の事故用保険。ビルダーを兼ねるときには必要。

プロの押え処

既存不適格のことを
建築主に伝えておこう

完成後の法改正で不適合となった建物は既存不適格と呼ばれるが、違法ではないので増改築では気をつけたい。

　建築基準法は時代によって変化しますが、その度に法に合わせて既存の建物を改修していたら、社会が混乱し大変なことになります。そこで、建築時に適法であればのちの法改正で不適合となっても、既存不適格という規定で守られることになっています。

　ただし、既存不適格建築物を違法に増改築すると、大事な建物の価値を下げてしまうこともあるので注意が必要です。

▼既存建築物の法的な区分

① 現状法規に適合（確認済証・検査済証あり）している建物

② 建築当時は適法、ただし現状法規には不適合な既存不適格（確認済証・検査済証あり：法第3条第2項）と呼ばれる建物。
増築時、構造などで、緩和（法第86条の7、令第137条の2の12、第137条の2等）もある

③ 確認済証はあるが、検査済証がない建物。
建築基準法適合状況調査（指定確認検査機関可能）次第

④ 確認済証がない建物。
適法か違法かわからない。法適合の確認を要する

リフォームや増改築の際には、上記①～④の区分を確認すること

②（既存不適格建築物）が、増改築によって②に適合しなくなったり、確認申請書類を紛失して③や④になったりすると、大切な住宅の価値がなくなってしまうよ

プロの押え処

住宅履歴という考えは発展途上。でも大切だ

住宅を建築したときの書類や、その後の維持に関する情報を蓄積しておけば、住宅の価値も下がりにくい。

　国土交通省は「住宅履歴情報の蓄積・活用の指針」を出し、住宅価値の安定化を目標としています。リフォームで家の価値を下げてしまう時代を終わりにしたいですね。まだまだこれからの考え方ですが、住宅の履歴をしっかり保管して、家の価値を維持するよう助言しよう。

新築時基礎資料
- ☐ 建築確認申請書関係
- ☐ 新築時図書・書類・写真

維持記録
- ☐ 点検・診断記録
- ☐ 修繕記録
- ☐ リフォーム・改修記録

中古住宅売買
- ☐ 既存住宅の住宅性能評価
- ☐ 重要事項説明

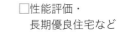

新築時各種申請資料
- ☐ 性能評価・長期優良住宅など

長期優良住宅などの維持計画
- ☐ 維持管理計画
- ☐ 長期優良住宅の維持保全委託記録・報告

長期優良住宅では、維持管理計画に基づいた
維持管理が義務づけられています。
これを怠ると、ローン返済にも響いてしまうよ

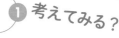

目指せ街場の建築家 ① 考えてみる？

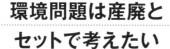

環境問題は産廃と
セットで考えたい

建築物にもライフサイクルがある

　建築物の環境問題は、「設計、施工、利用、維持、解体」という建築物のライフサイクルで考えよう。建築士としては、省エネ設計だけでなく、解体のごみ（産業廃棄物）や建材のリサイクルなども理解しておくと良いだろう。これらに関する法規は「環境法令の憲法」といわれる環境基本法という枠組みの中にある。まずは、これを知っておこう。

　循環型社会の基本とされる3R（リユース、リサイクル、リデュース）もこの枠組みの法によって規定されています。私は、建材の選択基準としてリサイクル率やリユース率などの情報も参考にしています。

▼建築の実務における環境問題の3つの視点

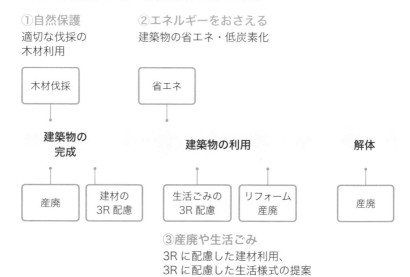

① 自然保護
適切な伐採の
木材利用

② エネルギーをおさえる
建築物の省エネ・低炭素化

木材伐採

省エネ

建築物の
完成

建築物の利用

解体

産廃

建材の
3R配慮

生活ごみの
3R配慮

リフォーム
産廃

産廃

③産廃や生活ごみ
3Rに配慮した建材利用、
3Rに配慮した生活様式の提案

▼環境関係の法律の枠組み ── 循環型社会のための法体系

環境基本法

循環型社会形成推進基本法

廃棄物処理法

- ●廃棄物の発生抑制
- ●廃棄物の適正処理
  （リサイクル含む）
- ●廃棄物処理業者に対する
  規制 など

資源有効利用促進法

- ●再生資源のリサイクル
- ●リデュース ⎫
  リユース　⎬（3R）
  リサイクル ⎭

個別物品の特性に
応じた規制

容器包装 リサイクル法	家電 リサイクル法	食品 リサイクル法
建設 リサイクル法	自動車 リサイクル法	小型家電 リサイクル法

廃棄物処理法のマニフェストを知っている？

　産業廃棄物（産廃）は、生活ごみなどの一般廃棄物と区別され、工事などで生じた廃棄物を指す。「産業廃棄物の処理には管理票（マニフェスト）が必要」という制度は、この法律で規定されています。

建設リサイクル法は解体時にかかわる

　特定建材（木材、コンクリート、アスファルトなど）を用いた一定規模の解体などで、建設工事業者に分別解体と廃棄物の再資源化を義務づける法律。一般に、戸建ての住宅を解体するとき、床面積 80m^2 以上の解体にはこの法律がかかわってくる。ほかに、床面積 500m^2 以上の新築増築などで出る廃棄物も対象です。

木造住宅の
スケルトン・インフィルとは？

　木造住宅の多様な利用の道を開くための近年の法的緩和で、長もちするスケルトン（骨組み）に変更可能なインフィル（内部）の住宅は魅力的なものとなっています。

　しかし、スケルトンが明確な RC 住宅に比べ、木造住宅ではスケルトンの範囲があいまいです。スケルトンの性能ともいえる耐震性や耐火性が、インフィル（内装）材と同じ合板や石膏ボードや断熱材とセットで決まることがほとんどなので、どこからどこまでがスケルトンかわかりにくいからです。

▼スケルトン・インフィルの基本的なしくみ

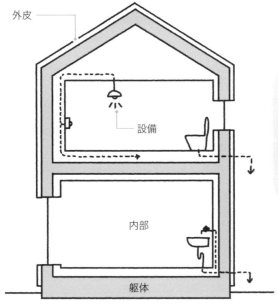

外皮

設備

内部

躯体

信頼できる躯体と外皮・内部・設備が明確に分離できることがスケルトン・インフィルの基本。木造では、これからだ

リフォーム時に建物の性能の担保となる合板やボードを内装材とともに撤去すれば、性能が低下して違法になることもあります。また、木造の骨組みの価格の比率は、建物価格の2割程度で、リフォームでスケルトンの性能補強工事が増えるとリフォームをする利点が下がってしまいます。

　スケルトンとしての性能をしっかりと確保し、安心して多様な利用ができるように、資産価値のある住宅設計を目指そう。

▼木造の耐火性能を決める建材は内装材と同種

耐火建築物の壁は、下の図のような構成で、耐火性能が決まっている。そのため、耐火建築物の木造住宅を耐火建築物が条件のほかの用途に変更するとき、室内側のPBを破損や撤去してしまうと、耐火建築物に該当しなくなってしまう

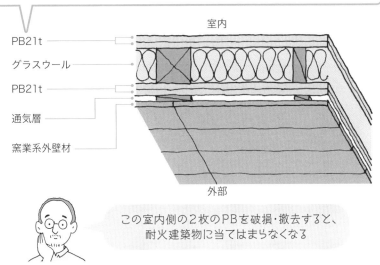

PB21t
グラスウール
PB21t
通気層
窯業系外壁材

室内

外部

この室内側の2枚のPBを破損・撤去すると、耐火建築物に当てはまらなくなる

そもそものスケルトン・インフィル

　躯体と内装・設備を分けること自体は新しい手法ではありません。もともとは建築家ハブラーキンが、画一的となっていた共同住宅を、支え構造（support）と分離できるユニット（detachable unit）に分けることで、個による内部空間の自由を取り戻そうとして提唱したもので、それが日本でスケルトン・インフィルという言葉とともに一般化しました。

　ハブラーキンは「そこに住むという行為だけが住まいを何かに仕上げる唯一の行為なのである」『都市住宅7209』との言葉を残しています。良い言葉だと思いませんか？

目指せ街場の建築家 ❸ もっと深めたい！

セルフビルドから住む力を感じてみる

　建築士の自己否定ともとれるセルフビルド。私は、セルフビルドのアドバイスや小工事を自分でおこなうこともありますが、日本ではDIYさえあまり普及していないようで残念です。住宅を設計する者ならば、「住む力」を常に感じていたいもの。セルフビルドやDIYは、机上の設計にパワーを吹き込んでくれます。ツワモノたちの例をいくつか紹介します。

川合健二自邸

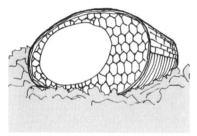

土木用コルゲートシートでつくられた住宅。発想も形もセルフビルドそのもの。机上の発想を超えている

山根鋭二自邸

ドラム缶型枠のRC造に、電柱丸太を組み上げてつくられた住宅。カラス城と呼ばれた。セルフビルドの自由さが伝わる

沢田マンション

建設工事の素人が自力で建てたRC造5階建て集合住宅。法規上は違法なので建築士に勧められる例ではないが、パワーを感じてしまう建物

　近年では、建築家・岡啓輔さんがセルフビルドしたRC造「アリマストンビル」がおもしろい。詳しくは『バベる！　自力でビルを建てる男』岡啓輔（筑摩書房）をどうぞ。ほかに有名なものとして、フランスの郵便屋シュバルの理想宮もある。これは33年かけたセルフビルド。もはやアートです！

スクラップ&ビルトの
思想

　私の事務所の近くの清掃工場が突然壊されると聞いて驚いた。事務所が移転したころに建ったので、たった27年だ。私の年齢の半分以下じゃないですか。開設当時は海外の要人も見学に来たほどの最新式の清掃工場だった。そのような清掃工場が27年でスクラップとは。

　高度成長時代後期の1970年頃の日本では、スクラップ&ビルトを見直そうといわれていたと記憶にあるが、いまだに繰り返えされています。

　省エネの政策などでも、最新式の省エネ機器に取りかえようと勧めるけれど、古いものを丁寧に使っていたら省エネの対象にはならない。そのような省エネの評価軸があっても良いのだろうと思う。しかし、経済を成長させるためにせっせとスクラップ&ビルトは続く。社会に役に立たないと判断したら御用ずみの思想は、高齢者側の私にとってはチョット怖い話です。

　そういえば、東京駅（1914年建築）が復元されて評判ですが、完成してから73年の1987年あたりにスクラップの運命にさらされていました。そんなこと嘘でしょうと思うでしょう。が、森まゆみさんの『東京遺産―保存から再生・活用へ―』（岩波書店）に書かれているように、意識の高い素敵な女性たちの熱心な運動がなかったら、今の東京駅はなかったかもしれないのです。

　スクラップ&ビルトの思想はなかなか根深いですね。一建築士としては、愛着がわき維持したくなる建物を丹精込めてつくることをまずは大切にしなければと思います。

建築士と仕事

　住宅を軸に、建築士の職能である設計・監理を眺めてきましたが、建築士がこの一連の仕事をひとりでこなすのは、小規模な住宅レベルでも少数派です。建築規模が大きい場合や建物用途によっては、より特化した建築士などでチームを組むのが普通です。

　また、法律で規定された設計監理業務だけが建築士の仕事ではありません。完成後の建築物の維持管理、調査やまちづくりなどでも建築士のスキルが役立ちます。

　設計監理にこだわらず、そのスキルを活かし、リアルな 3D 空間の質を生み出すことが建築士の役割だと考えると良いでしょう。

3 つのスキル

　建築士の仕事を、リアルな 3D 空間の質を生み出すという視点で、3 つのスキルに分けると、多様化する建築関係の仕事の中で、自分なりの軸足を見つけられるのではないかと思います。

> ■ つながりは大切派…人と人がつながる空間の構想を助けるスキル
> ■ やっぱり技術だね派…安全で快適な空間を構想するスキル
> ■ 美は無敵派…形の良い空間を構想するスキル

つながりは大切派

　思い描く空間や場を他者に伝えたり実現したりすることはなかなか大変です。しかし、空間の言葉である図面や模型やCGをうまく使えばそれをサポートできます。

　この空間の言葉のやりとりを大切にして、より良い空間をつくる建築士たちを「つながりは大切派」と私は呼んでいます。空間づくりにおいて、コミュニケーションを軸にするポジションといっても良いでしょう。

　私はどうもここに軸足があるようで、ついつい使い手の納得のために工夫しながら設計監理をしてきたように思います。街づくりや設計時のワークショップ手法、Part 2で取りあげたパタン・ランゲージなどもこのポジションです。

　空間づくりにかかわることができた使い手は、その空間に自然と愛着がわき維持したくなります。これは良い空間といって間違いないでしょう。こういった、空間の言葉で人をつなぐ仕事は社会性も高く、幅広い需要があると思います。

　ただし、合意や納得が独り歩きすると、無味乾燥なものが生まれてしまいそうで怖いですね。気をつけたいものです。

　向いている役割には、住宅設計、街づくり、商店街の活性化、不動産関連、相談業務、出版、コーポラティブハウス計画、空間プロデューサーなどがありますね。

やっぱり技術だね派

安全で快適な環境は、技術的な知識に支えられています。私は、技術をよりどころとする建築士を「やっぱり技術だね派」と呼んでいます。

日本の建築学科の学生の多くはこの技術を軸にして学び、建築物の安全や環境の質を支えています。数値やデーターを扱うことが多く、合理性や新しい技術に関心のある人に向いていると思います。安全性や快適性、省エネなどへの需要のある今、幅広く活躍できそうです。ただし合理性や新しさが実生活にベストとは限らないことも忘れずに。

向いている役割は、構造設計、工事管理、設備設計、検査業務、調査業務、設備アドバイザー（省エネなど）、ビル管理維持業務、音響設備設計、建築法規アドバイザーなど。

美は無敵派

とにかく最後は形だね、というポジション。建築談義では強気な人も多く、私は「美は無敵派」と呼んでいます。

「形は機能に従う」の言葉がありますが、形によって新しい機能が生まれることもあります。何もないところに形を生み出すという意味では、建築のもっとも根本的なスキルといえます。形態への鋭いセンスを日夜磨くことと、単なる造形建築にならないように幅広い分野への関心が大切ですね。

向いている役割は、建築やインテリアのデザイナー、インダストリアルデザイナー、ランドスケープデザイナー、店舗設計など。

3つのスキルが交わるところに良質の空間が生まれる

the Architect の訳は何だと思いますか？　なんと造物主。神様です。the を抜き小文字にした architect（建築家）は、その造物主の弟子といっても良いくらいです。万能感が漂いますが、造物主の弟子などとうそぶいている時代では今やありません。

建築主や建築物を使う人の条件は多様化し、技術は進歩し、法律の規制は厳しく、それらを深く理解し形にするには、協力が必要な時代です。そこには建築士の多様な姿があるはずです。

衣食住の住は、人間の永遠の営み。リアルな空間をつくる仕事は、人間社会にはなくてはならない仕事です。能力は必ず生かせます。

3つのスキルのどこに軸足を置いても目的は同じです。まずは、自分なりの軸足を信じてスタートです。

建築士数人で建築談義がはずんでいます。

「やっぱり建築は形だよね」「え、使い勝手が悪いとダメだよ」「何いってるんだ、やっぱり環境だよ環境」「いやいや建築は生き生きした場が大切さ」「でも形が良くないとな」「形が良くても、寒いおうちじゃなあ」「それより、構造が良くなけりゃ形もくそもないだろが」「使う人がどう考えるかも大事だよね」「カッコ良くないと愛着もわかないぜ」「ま、安全で快適で生き生きとした場を素敵な形でつくりたいね」

仲良し建築士が集まると、お話が同じところをいつもぐるぐる回ります。その輪に入って、あなたも語ってみませんか。

277

主な参考文献

書籍

『建築物の防火避難規定の解説 2016（第 2 版）』日本建築行政会議 編集（ぎょうせい）

『実務者のための工事監理ガイドラインの手引き』工事監理ガイドラインの適正活用検討研究会 編著・公益財団法人建築技術教育普及センター 編集（新日本法規）

『戸建て・集合住宅・オフィスビル　建築設備パーフェクトマニュアル 2022-2023』山田浩幸 著（X-Knowledge）

『ヤマベの木構造　新版 DVD 付』山辺豊彦 著（エクスナレッジ）

『ヤマベの耐震改修』山辺豊彦 著（エクスナレッジ）

『確認申請マニュアル コンプリート版 2022-23』ビューローベリタスジャパン株式会社建築認証事業本部 著（エクスナレッジ）

『建築申請 memo2022』建築申請実務研究会 編集（新日本法規）

『これならわかる建築確認申請』上野タケシ・大庭明典・来馬輝順・多田和秀・山本覚 著（ナツメ社）

『プロが読み解く 増改築の法規入門』日経アーキテクチュア・ビューローベリタスジャパン 著（日経 BP）

『一生役立つ 設計事務所の育て方』守山久子＋日経アーキテクチュア 編（日経 BP）

『事例と図でわかる 建物改修・活用のための建築法規』佐久間悠 著（学芸出版社）

『【フラット 35】対応 住宅工事仕様書』独立行政法人住宅金融支援機構 編著（井上書院）

「建築携帯ブック」シリーズ（井上書院）

『第 2 版 コンパクト建築設計資料集成 [住居]』日本建築学会 編（丸善出版）

▶著者紹介

来馬 輝順（くるば てるのぶ）

一級建築士　建築工房匠屋 代表

福井県出身。1978年福井大学工学部建築学科卒業後、設計事務所にて共同住宅等の意匠・構造設計を担当。その後サービス業や美術、自力建設の活動を経て、界工作舎にて設計を学び、パタン・ランゲージ研究会に参加。1986年建築工房匠屋設立。1995年よりHPにて設計事務所の具体的活動や設計料等を情報公開してきた。

▶スタッフ

本文イラスト	加納 徳博／池谷 夏菜子／瀬川 尚志／北原 和洋／来馬 輝順
本文デザイン	萩原 睦（志岐デザイン事務所）
組　　　版	WADE
校　　　正	田川 多美恵
編集協力	千葉 淳子／斎藤 富美代／パケット
編集担当	山路 和彦（ナツメ出版企画）

ナツメ社Webサイト
https://www.natsume.co.jp
書籍の最新情報（正誤情報を含む）はナツメ社Webサイトをご覧ください。

本書に関するお問い合わせは、書名・発行日・該当ページを明記の上、下記のいずれかの方法にてお送りください。電話でのお問い合わせはお受けしておりません。

- ナツメ社webサイトの問い合わせフォーム　https://www.natsume.co.jp/contact
- FAX（03-3291-1305）
- 郵送（下記、ナツメ出版企画株式会社宛て）

なお、回答までに日にちをいただく場合があります。
正誤のお問い合わせ以外の書籍内容に関する解説・個別の相談は行っておりません。あらかじめご了承ください。

建築士になる前もなってからも必ず役立つ！
建築士1年生が読む本

2023年4月3日　初版発行

著　者　来馬輝順　　　　　　　　　　　　　©Kuruba Terunobu, 2023
発行者　田村正隆

発行所　株式会社ナツメ社
　　　　東京都千代田区神田神保町1-52　ナツメ社ビル1F（〒101-0051）
　　　　電話　03（3291）1257（代表）　　FAX　03（3291）5761
　　　　振替　00130-1-58661

制　作　ナツメ出版企画株式会社
　　　　東京都千代田区神田神保町1-52　ナツメ社ビル3F（〒101-0051）
　　　　電話　03（3295）3921（代表）

印刷所　ラン印刷社

ISBN978-4-8163-7285-8　　　　　　　　　　　　　　　Printed in Japan